Denis Charvet couvant du regard le ballon de la victoire. Qui oserait prétendre après ça que le rugby est un sport de brutes épaisses ?

JACQUES VERDIER

RUGBY D'AUTREFOIS

Flammarion

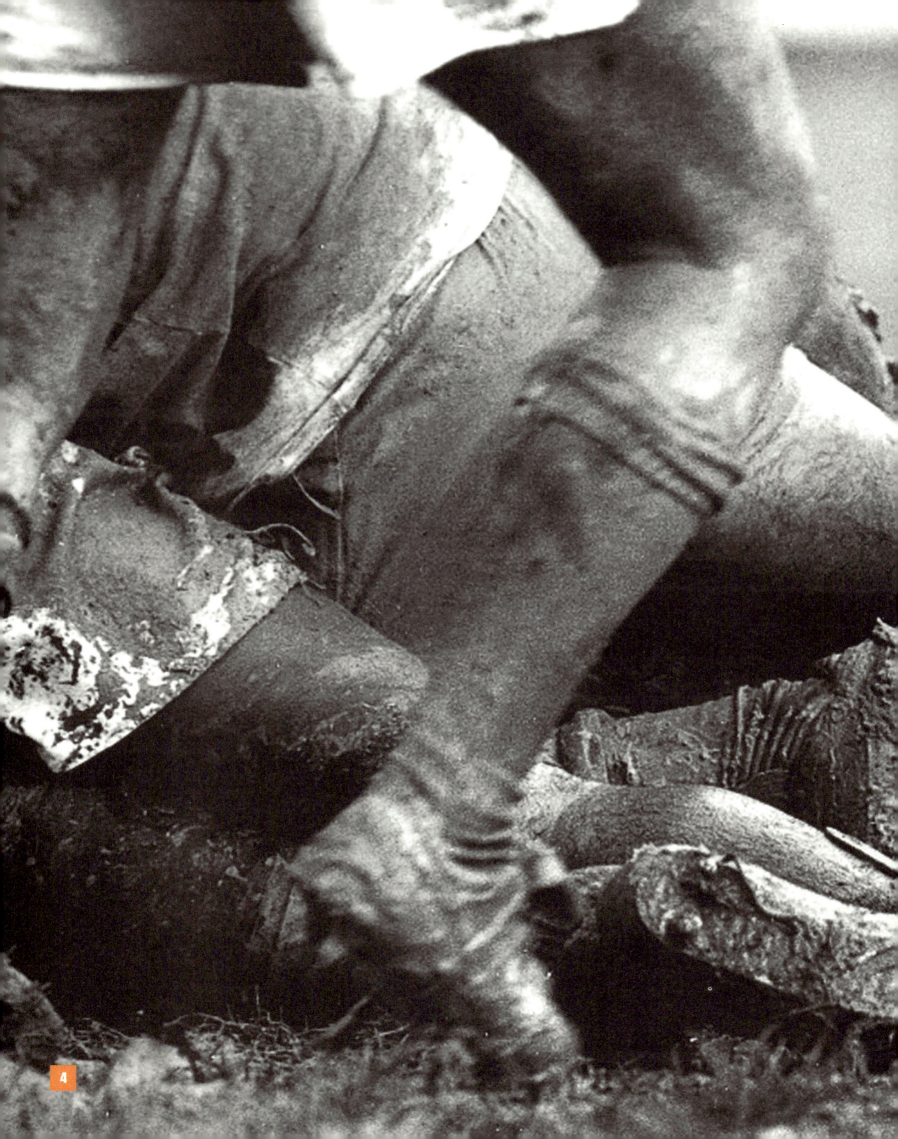

À Philippe,
mon frère,

à Max,

Jacques,

Jean-Etienne,

« La Rouille »

et les autres…

12 — MON RUGBY D'AUTREFOIS

17 — OBJETS

19 — ÉPONGES MIRACLES
23 — Huile de camphre
24 — STADES D'AUTREFOIS
28 — BOUTS CARRÉS, CHAUSSURES MONTANTES
31 — BALLONS
35 — PETITE MOTTE
38 — BOÎTES À PHARMACIE
43 — MAILLOTS

46 — CHEVILLÈRES ET BAS EN TIRE-BOUCHON
49 — TERRAINS PELÉS

51 — CULTURE

53 — PREMIÈRES IMAGES
57 — ENTRAÎNEMENTS, MODE D'EMPLOI
61 — Monsieur Tout-le-Monde
62 — LE JOUR DU SEIGNEUR
65 — UNE SENSATION DE FROID
67 — LA TÉLÉ DE PAPA
71 — LA TERRE DE NOS ANCÊTRES

74 — CULTURE ÉCRITE, CULTURE ORALE

81 — Les avant-matchs de Twickenham
84 — LE CULTE DE L'ESTHÉTIQUE
88 — La mi-temps sur le stade
92 — NE BUVEZ PAS !
97 — EN AVOIR OU PAS !
101 — L'HUMOUR AU SERVICE DU JEU
105 — SI PRÈS, À LES TOUCHER
109 — PROXIMITÉ

112 MILIEU

114 AGAPES!

118 LES SOIGNEURS

125 Les femmes et le rugby

130 DERBIES

133 LE CHÂTEAU RICARD

137 HÔTELS ET BANQUETS

143 LES GOSSES
assis à un mètre du terrain

146 LA VOIX DE COUDERC

152 LE TOURNOI DES V NATIONS

159 LES PHASES FINALES

---

162 Les villages dans l'élite

165 PROFS / ÉLÈVES

---

167 JEU

169 LE CULTE DU PLUS «UN»

173 LA FRENCH PASS

177 L'ARBITRAGE MAISON

180 LA TERREUR DU PASSÉ

183 LES DURS À CUIRE

186 LE PANDÉMONIUM DE LA TOUCHE

191 La mêlée qui durait des heures

194 RUGBY À 8

---

196 PORTRAITS

199 JEAN TRILLO
Le contemporain capital

203 PATRICK NADAL
Le culte esthétique

206 ANDRÉ BONIFACE
Du rugby comme un art

212 JACQUES FOUROUX
Une idée par seconde

220 JEAN-PIERRE RIVES
Ce fier paradoxe

225 OLIVIER SAISSET
L'instit de l'Hérault

230 ANDRÉ HERRERO
Ce pur héros

236 VINCENT MOSCATO
Une leçon de courage

241 ARMAND VAQUERIN
Colosse au pied d'argile

248 Vieux con !

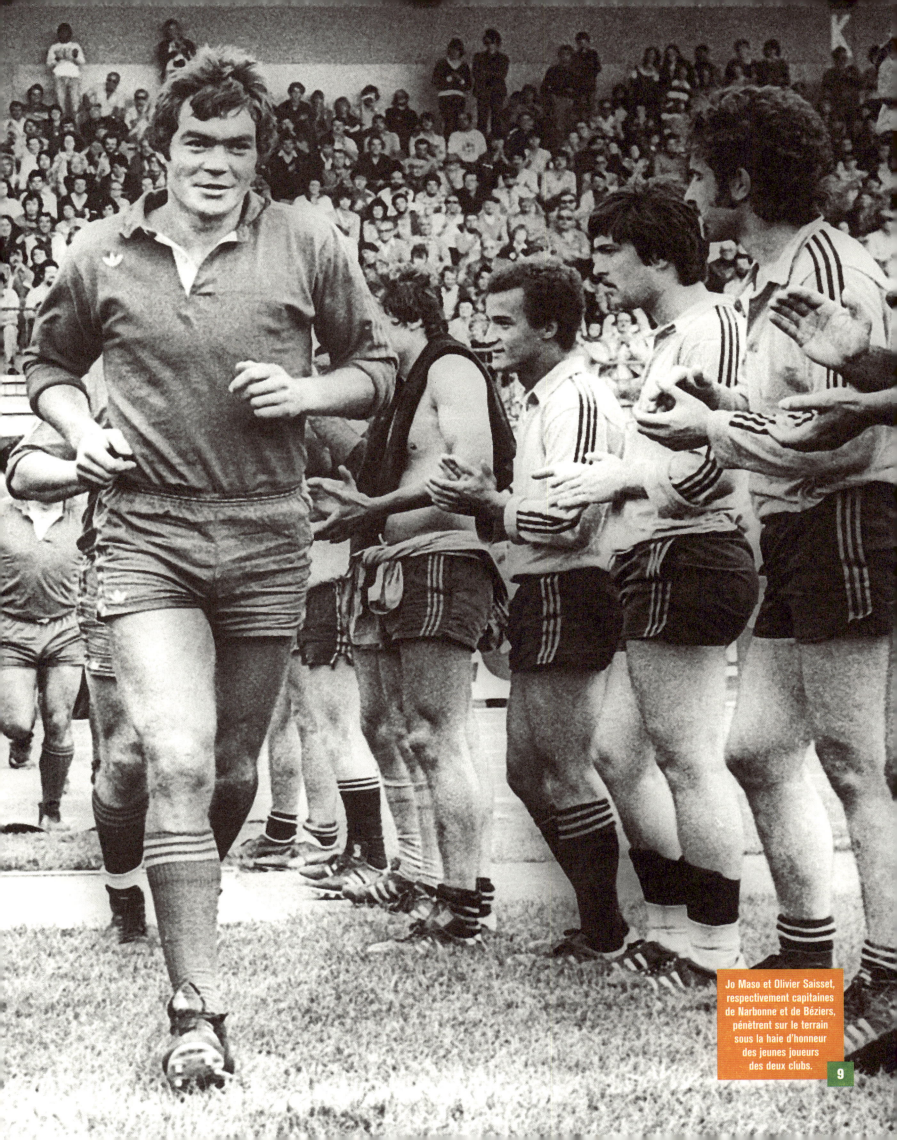

Jo Maso et Olivier Saisset, respectivement capitaines de Narbonne et de Béziers, pénètrent sur le terrain sous la haie d'honneur des jeunes joueurs des deux clubs.

Jean-Luc Joinel dévie un ballon en fond de touche. Les Anglais n'y pourront rien.

MON RUGBY D'AUTREFOIS

J'ai contracté, enfant, une maladie incurable. Laquelle prêtera à rire, alors qu'elle est en réalité insidieuse, prégnante, impérieuse. Elle me tient depuis l'âge de six ans et ne m'a jamais lâché. Elle n'admet qu'un petit mois de répit par an au terme duquel elle me précipite dans un état de manque qui ne laisse pas de m'interroger sur la vacuité de mon existence. Voudrais-je m'en débarrasser, la réduire à rien, elle me retient par le col et sollicite en moi des souvenirs d'enfance dont la nostalgie soudaine me submerge. J'ai essayé, mes vingt ans à peine sonnés, de la contourner, de la mettre en mots, d'en faire du journalisme en traduisant au plus près de mon cœur l'exigence physique, émotionnelle, où elle me jetait. En vain. Le mal fut le même, qui me tient l'âme chevillée au romanesque que je lui prête et suppose que je sacrifie, certains soirs, la table familiale et l'amour des miens, un film remarquable ou la suite d'un livre en cours, à sa coupable industrie.

Oserais-je l'avouer ? Il arrive que la maladie gagne du terrain certaines nuits, jusqu'à l'ivresse, parce que la fièvre est trop forte, le climat approprié et que les hommes, enchaînés par elle, l'évoquent jusqu'à plus soif. Et je suis de ceux-là qui dissertent des heures durant, au zinc de n'importe quel bar, à la table du premier restaurant, sur le bien-fondé d'une « prise » en mêlée ou la grâce d'un port de tête au moment d'un service.

Ma maladie s'appelle la rugbymania. L'amour du rugby. On n'en meurt pas toujours, mais il est rare que l'on s'en relève tout à fait. Le temps n'aura-t-il rien changé ? Si, sans doute. La passion, les emportements, sont d'une autre nature. La voix se fait plus brève, les envies de fuir plus nombreuses. Mais quand même… Que surgisse un ami rugbyman, que la conversation s'attarde à la rédaction du Midol sur tel ou tel aspect technique du jeu et la voiture, sur le manège, se remet naturellement en branle.

Je crois devoir cette maladie à mon père qui fut le premier à me traîner, dans le sillage de mon frère aîné et à son corps probablement défendant, vers ces lieux où la contagion s'impose : stades, vestiaires, terrains d'entraînements… Enfant, j'y puisais mes idoles et une mythologie propre à me rendre la vie plus douce. C'est le souvenir de ce temps révolu, magnifié, aigu, que j'ai voulu traduire ici à l'usage des plus jeunes, pour qu'ils sachent, si cela doit les intéresser un jour, ce qu'était le rugby de jadis et naguère.

Chemin faisant, j'aimerais assez soumettre à recensement l'inguérissable nostalgie des plus anciens. Il arrive que l'on prenne du plaisir aux inventaires et l'on sait quel tour illustre lui donna Prévert dans un poème en forme de procès-verbal… Ma brocante est certes plus modeste, mais sur le trottoir du temps qui passe, elle agrège des usages à des manières d'être, des comportements à des outils oubliés. À cet égard, les joueurs dont je parle dans ce livre – que viennent-ils faire dans ce bric-à-brac, sinon témoigner à leur façon du rugby d'autrefois ? – ne sont pas les meilleurs du siècle dernier. Et s'il arrive qu'ils le soient, ce n'est pas le but recherché. Ce ne sont pas tous non plus mes amis ou mes idoles d'enfance, même s'il arrive qu'ils le soient. Je les ai choisis comme on donne le change, comme l'on situe une époque. Tous, s'ils avaient vingt ans aujourd'hui, pourraient sans doute devenir des pros de ce jeu. Mais aucun ne pourrait garder par-devers lui cette singularité qui, hier encore, en faisait un personnage à part.

Ce n'est pas que le rugby de ce « temps retrouvé » soit plus beau, plus aéré, plus héroïque, que celui d'aujourd'hui. Toute nostalgie bue, il m'arrive de penser que l'on voit plus de jeu, d'actions de grâce comme on dit pour un autre catéchisme, dans un match actuel que dans bien des rencontres d'autrefois. Au reste, la comparaison est probablement ridicule. Comme il arrive d'apprécier Humphrey Bogart et George Clooney, on doit pouvoir aimer André Boniface et Maxime Mermoz sans avoir à déclencher, aussitôt, la guerre des anciens et des modernes.

Et c'est bien la seule prétention de ce petit précis rugbystique, de ce devoir de mémoire, où l'histoire se cogne à l'émotion, l'enthousiasme au repentir, la nostalgie de mes jeunes années au vécu du journaliste, la confidence au destin commun et le « je » si subjectif au « nous » pluriel.

L'auteur, Jacques Verdier, 4e, en haut, en partant de la droite, à 17 ans, sous les couleurs du Stade saint-gaudinois. On a le rugby que l'on peut et le sien était plus festif que professionnel…

L'auteur, toujours, dernier sur la touche, une main repliée sur les hanches, dans le vieux stade de Saint-Gaudens, au temps du rugby de bohème…

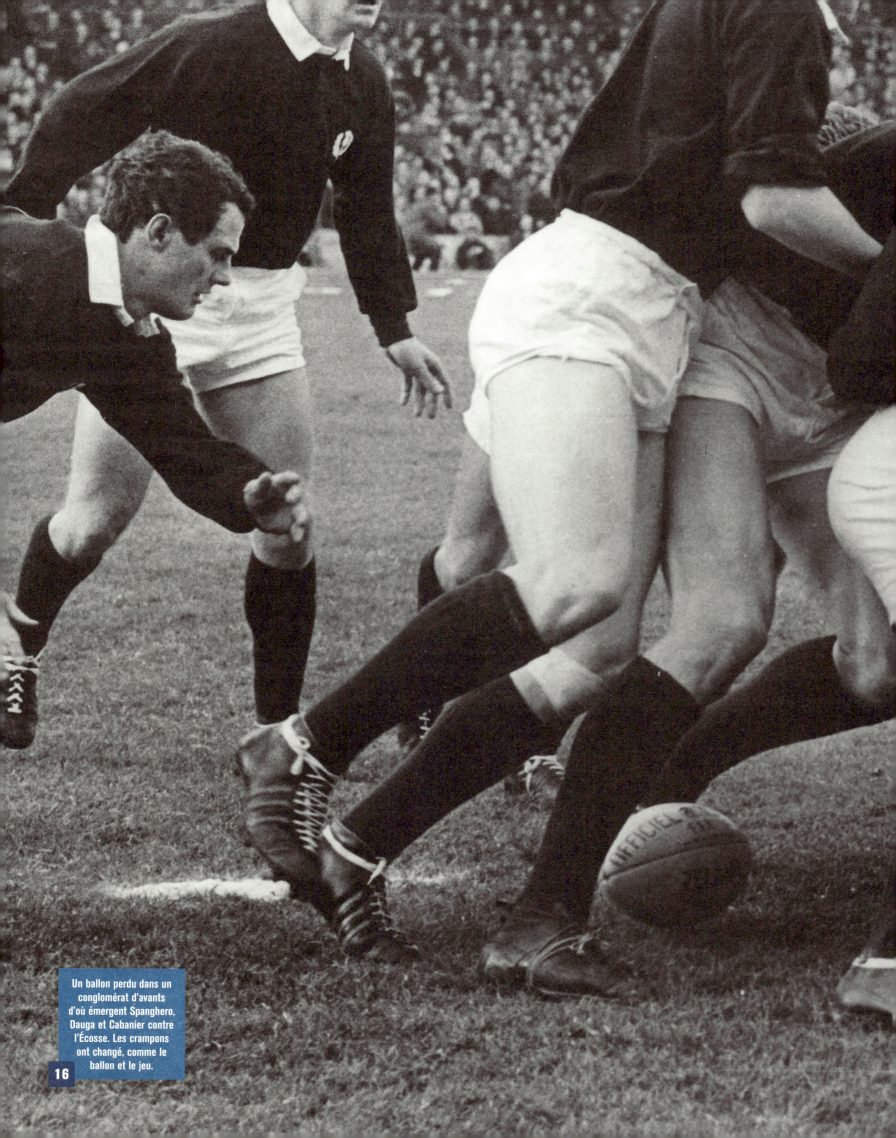

Un ballon perdu dans un conglomérat d'avants d'où émergent Spanghero, Dauga et Cabanier contre l'Écosse. Les crampons ont changé, comme le ballon et le jeu.

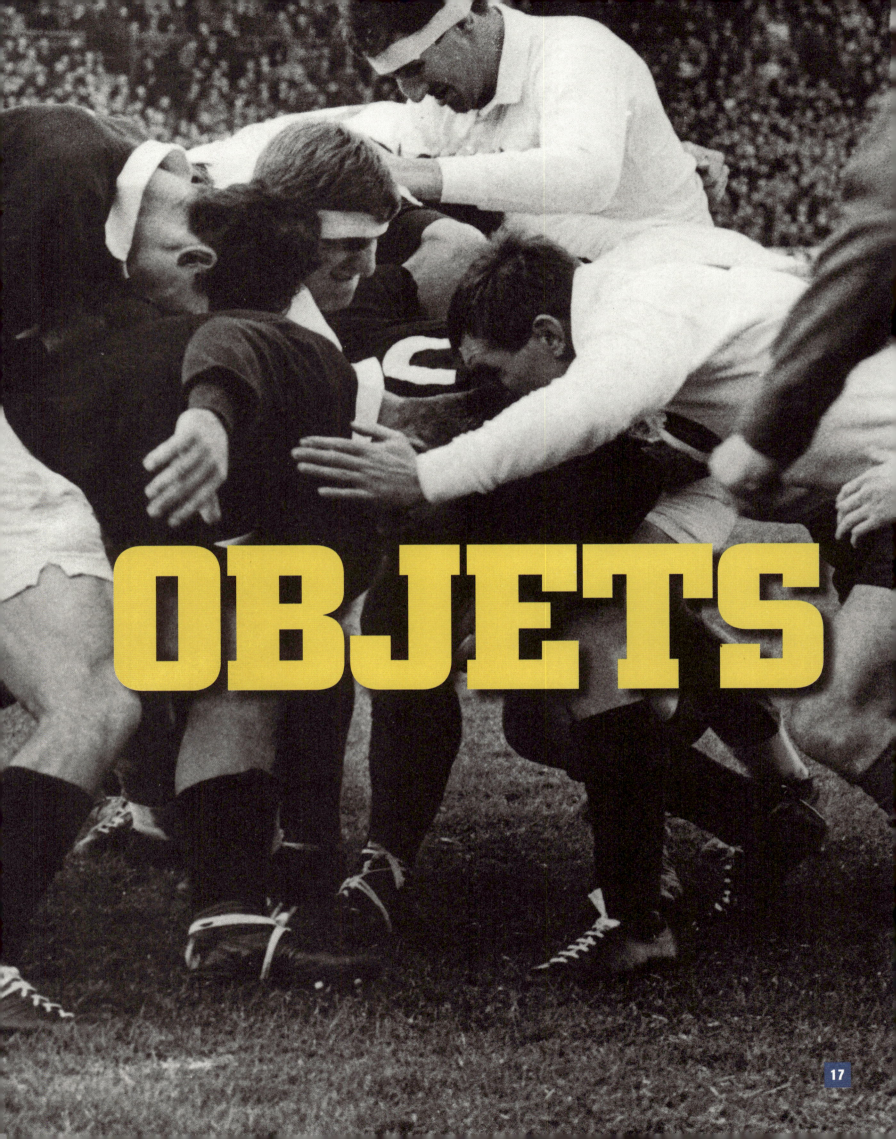

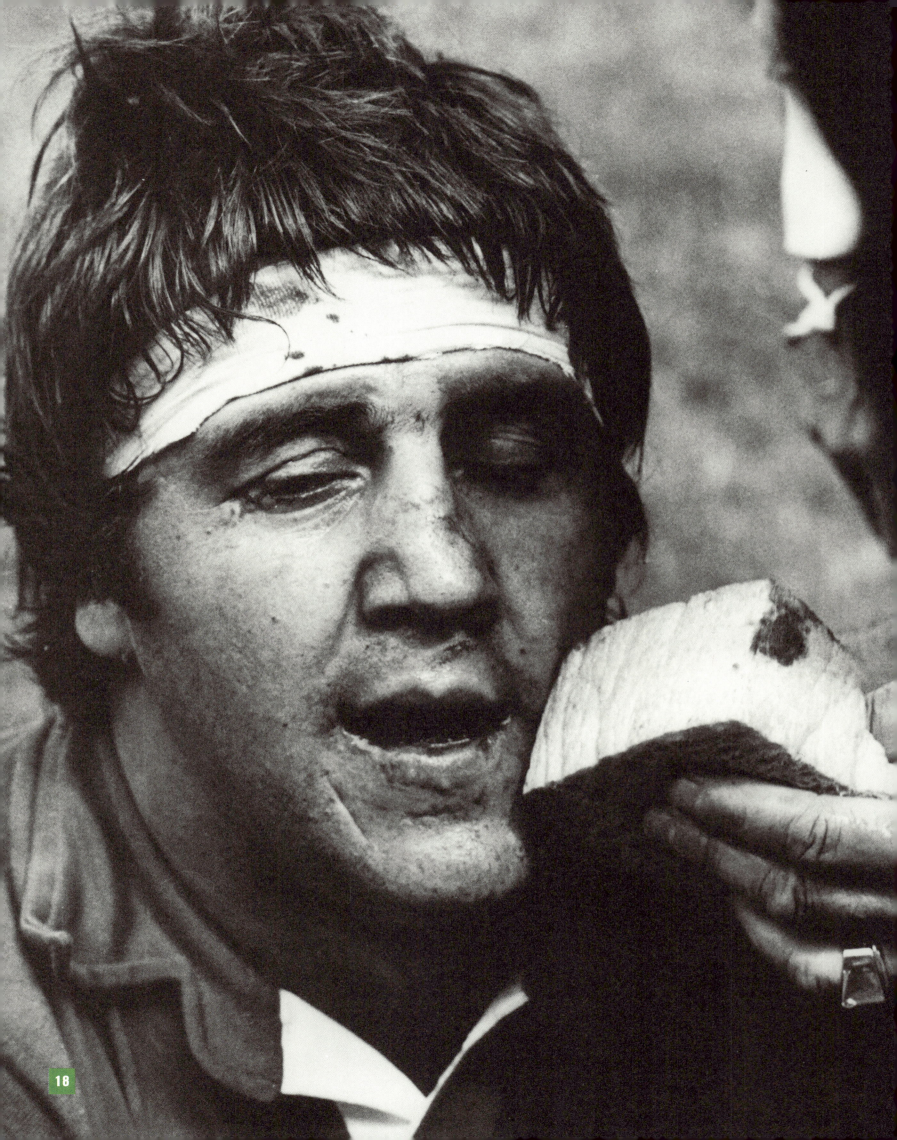

ÉPONGES MIRACLES

Elles baignaient, au bord du terrain, en forme de gaufres, larges et épaisses, dans de grands seaux en plastique remplis d'eau où les joueurs plongeaient allègrement leurs mains à la moindre déconvenue : entailles, hématomes, K.-O., entorses, coups de chaleurs, bobos divers. Le sida n'était pas passé par là et il ne serait venu à l'idée de personne d'interdire un procédé qui figurait l'évidence même. La boue des terrains s'y mêlait au sang des visages, à la sueur des corps, aux émanations d'huile camphrée. Un joueur au sol ? Aussitôt le « soigneur » de l'équipe, qui n'avait de la médecine qu'une idée très approximative, se précipitait son seau à la main et badigeonnait le visage, la jambe, le bras du malheureux de son éponge ruisselante. Si la somatisation était réelle, la blessure d'importance moindre, l'effet placebo était garanti. Aussitôt, le mourant se relevait et reprenait la bataille.

Les jours d'hiver, l'eau était glacée, l'éponge souvent sale. Le froid s'ajoutait au froid. Et pourtant la coutume était tenace, qui relevait d'un ordre quasi monacal, tenait de l'obscure tentation d'une ascèse sans la foi, d'une médication sans ordonnance et figurait, à chaque passage, le miracle même. D'où l'expression, bien sûr, d'éponge miracle !

Un jour, pourtant, comme je saignais abondamment du visage, arcade ouverte, plaie sur la joue, j'eus droit à un lavage en règle. Le lendemain, mon visage était tuméfié, boursouflé comme un homme sous cortisone. Le miracle alors fut qu'aucune infection véritable ne se déclare.

Lumbago, entorses, K.-O., le rugby de papa n'avait qu'un remède : l'éponge miracle !

Jean-François Imbernon, gueule cassée de notre rugby, joueur formidable, homme adorable, aura eu recours plus souvent qu'à son tour à l'éponge miracle…

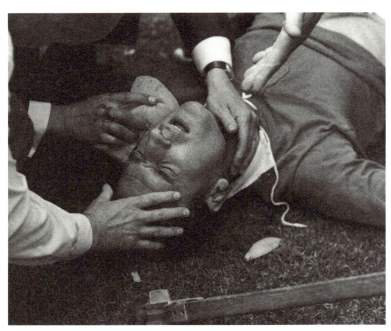

Pierre Albaladejo étendu pour le compte lors de la finale de 1966 après un choc contre la caméra de l'ORTF. Un seul remède à ses maux : l'éponge miracle...

Pierre Villepreux K.-O. lors d'un match international.
Rien d'autre qu'une éponge glacée pour le sortir des abysses.

Un coup d'éponge et le miracle opère. Ici, le Lourdais Donzelli.

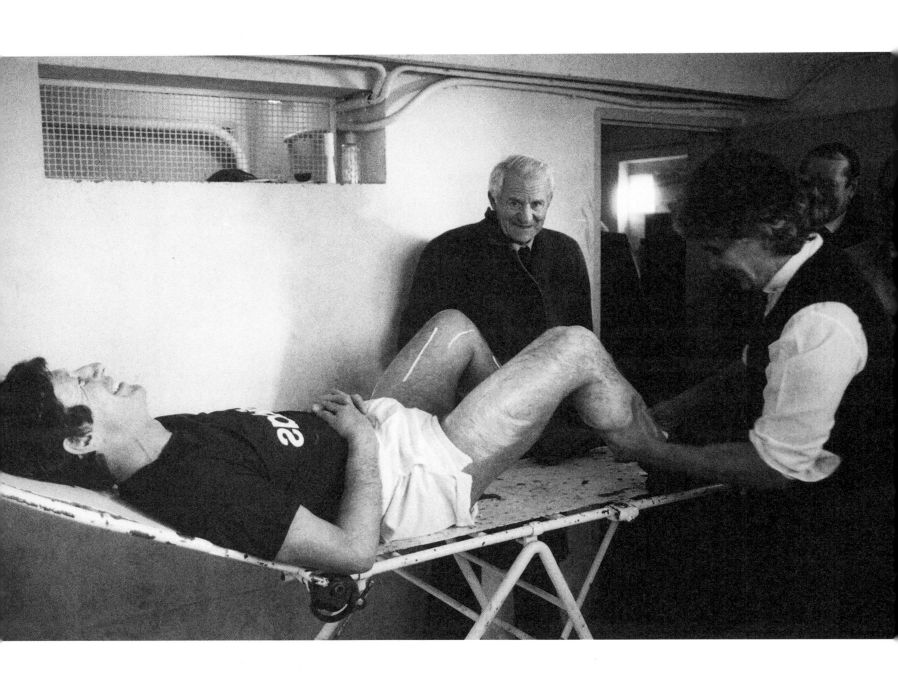

Une odeur reconnaissable entre toutes. La madeleine proustienne de tous les rugbymen de plus de quarante ans…

Huile de camphre

L'odeur, reconnaissable entre toutes, était tout à la fois un ancrage comme disent désormais les « nouveaux psys » et un passeport pour l'évasion. Elle situait son monde (l'avant-match, le lieu fermé d'un vestiaire) et baignait le gris du quotidien de ces effluves de rêve où se nichent des lendemains prometteurs. Il m'est ainsi arrivé, enfant, de ressentir les arômes, forts, musqués, enivrants d'huile camphrée, dans une pharmacie quelconque et de me sentir aussitôt projeté, comme dans les films de science-fiction, dans ces vestiaires d'avant-match où la vie circule à gros bouillons, où la peur le dispute au désir, où l'attente du match auréole le temps d'un coefficient de magie insoupçonné. Tout à l'heure, dans un instant, vous allez voir ce que vous allez voir !

Les joueurs des années 1960 s'en badigeonnaient les jambes à des fins qui m'échappent encore : chauffait-elle réellement les muscles ? Permettait-elle, ainsi que le voulait sa réputation, d'échapper plus facilement aux adversaires dont les mains, littéralement, glissaient sur les jambes de l'attaquant ? Peu me chaut à vrai dire ! C'est de poésie qu'il s'agit. Parce que l'huile camphrée faisait les jambes plus belles, donnait à la blancheur de l'hiver ce teint un peu mordoré qu'autorisent les premiers rayons de soleil et vous estampillait de facto joueur de rugby ! On s'en serait contenté à moins…

À l'aune des sens, elle était à l'odorat ce qu'était la matière en cuir des ballons au toucher, le bruit capricant des crampons sur le ciment des vestiaires à l'oreille. Elle exaltait le souvenir comme personne.

Enfant, toujours l'enfance – l'huile de camphre ayant disparu des vestiaires au milieu des seventies –, je revois mon étonnement devant toute absence de flacon dans la boîte à pharmacie du premier match que je disputais, où mes camarades et moi plongions avec avidité – pour y prendre quoi, grand Dieu ? La frustration fut si totale que je ne mis pas un mois, avec l'assentiment d'un copain, pour me rendre dans une pharmacie et acheter moi-même la fameuse huile sans laquelle, à notre estime, un joueur digne de ce nom ne pouvait être adoubé dans la confrérie des joueurs de rugby. Ah, l'odeur ! Il n'y avait donc pas de contrefaçon ! Au début, je faisais suivre le flacon de ma chambre, où je le tenais, jalousement gardé, au stade à l'occasion des matchs (c'eût été pécher que de l'utiliser lors des entraînements !). La demande alors fut si forte que notre éducateur de l'époque se résigna à demander au club d'acheter désormais un flacon pour les minimes.

En cadet, on eût dit un gros pot de confiture qui traînait sur la table, où chacun puisait de la main avant d'entreprendre un premier massage des jambes. En junior, l'Algipan (pommade chauffante) fit son apparition, qui relégua très vite les odeurs si voluptueuses d'huile camphrée au rang des souvenirs. Son agonie, de mémoire, dura cinq ans. J'en porte le deuil infiniment nostalgique.

STADES D'AUTREFOIS

Les stades actuels, fermés sur eux-mêmes comme sur un secret, n'offrent plus au spectateur que je suis ces échappées malignes vers un ailleurs improbable (ville ou campagne, plongée sur la mer ou sur quelques cheminées d'usine) où me projetaient notamment, jadis, les vieilles tribunes de Murrayfield et de Lansdowne Road. De Murrayfield on voyait se dessiner, au loin, les premiers vallons des Borders souvent enneigés l'hiver et plus avant, sur la gauche des tribunes de presse, un pan de ville où se reflétaient des arbres et des taillis. De sorte qu'il m'arrivait en pleine rencontre, quand le jeu mollissait jusqu'à la somnolence, de me promener du regard dans les ors et les grèges, les roux de l'automne, les ambres et le pourpre… Un bonheur rapide, édénique, singulier, me saisissait à chaque fois. Une joie en quelque façon comparable à celle que j'avais à m'approcher de Lansdowne Road – le vieux et merveilleux stade de Dublin – quelques heures avant les matchs, quand la foule encore oisive, pénétrée des charmes du lieu, attendait, rieuse, devant la barrière de bois qui menait au stade et que fermait, pour quelques minutes, le passage du fameux train glissant sous les tribunes. Un romantisme désuet émanait de l'endroit. Plus loin, dans l'enceinte même du stade, deux pubs attendaient leur clientèle et la conservaient, bien au chaud, jusqu'à deux minutes du coup d'envoi. Une odeur de bière, de tourbe et de cigarettes enveloppait indifféremment les lieux où se pressaient des centaines de personnes. Une fraternité gaie s'en exhalait. Semblable au plaisir doucereux et sucré de la mélancolie.

Un stade comme il en existait des centaines jadis et naguère. Un lieu de vie accessible au plus grand nombre.

Le Cadurcien Alfred Roques à l'assaut de la défense ennemie.
On ne se battait pas dans les travées des tribunes…

Le Tarbais « Pipiou » Dupuy, dans le vieux stade Jules Soulé de Tarbes où s'entassaient des milliers de passionnés.

Un stade, en Nouvelle-Zélande, lors de la tournée des Français en 1989. Stade de plein air et de grand vent pour un rugby de liberté.

BOUTS CARRÉS, CHAUSSURES MONTANTES

C'est Pierre Villepreux qui, le premier, à la fin des années 1960, inventa les tirs au but brossés, fouettés, à l'usage du jeu de rugby. Jusque-là, les buteurs frappaient la balle avec la pointe de leurs crampons, reculant de quelques mètres et s'élançant pour taper droit, sec, dans une position qui n'autorisait pas le déhanché, le balancier et l'harmonique gestuelle du corps que l'on voyait déjà aux footeux.

Moyennant quoi les buteurs d'alors étaient affublés de crampons aux bouts carrés et durs qui favorisaient par leur aspect indestructible la frappe de la balle et la protection du pied. Enfant, la lourdeur avérée de ces crampons (mettait-on du fer sur l'embout en guise de protection ?) me semblait incompatible avec la vitesse de course, la vivacité supposée pour fixer et déborder un adversaire. De sorte que les buteurs me semblaient figés dans une position un peu balourde auxquels aurait été retiré le privilège de la vitesse, de l'errance entre les lignes défensives, des suaves débordements, cheveux au vent et tribunes levées. Avais-je tort ? Je n'en suis pas si sûr. Ni Pierre Albaladejo, ni Guy Camberabero, ni Jean-Pierre Romeu, ni Henri Cabrol, qui furent, dans mon souvenir, les derniers grands buteurs « de la pointe », n'émargent au rang des attaquants cascadeurs. Pour faire vite, Claude Lacaze et Lucien Pariès échappent pour un peu à cet enfermement, mais sans atteindre jamais à l'élasticité d'un Jean Gachassin, à la beauté gestuelle d'un Jo Maso, qui eux, au même poste, ne butaient pas et s'enorgueillissaient avec les crampons de Monsieur Tout-le-monde d'attaquer les défenses et de se jouer d'elles…

Mais il y avait autre chose : c'était les chaussures montantes des avants, dont le rebord recouvrait la cheville et affirmait de manière ostentatoire votre appartenance. Étiez-vous avant ou trois-quarts, bouvier ou torero ? Les troisième ligne ailes du début des années 1970 (Crauste, Hauser, Skrela, Saisset, Boffelli) furent les premiers, chez les avants, à délaisser les chaussures montantes pour celles, plus élégantes, des trois-quarts. Mais tous « les gros » sans exception portaient ces chaussures comme on sacrifie à une tradition, comme on se conforme à une loi, comme on revendique une caste. Légitime, la tradition ? Je ne le jurerais pas. Certes les avants avaient plus de chances que les trois-quarts d'alors de se faire marcher sur une cheville, mais la protection de cuir – outre qu'elle alourdissait les chaussures – m'a toujours paru dérisoire. Et du reste ne dépassa pas, sauf rares exceptions, l'arrivée des eighties.

Les frères Spanghero, Jean-Marie, Walter et Laurent, sous le maillot de Narbonne. C'était au temps des crampons hauts, des chevillères et des chaussettes soigneusement repliées sous les protège-tibias.

BALLONS

Que m'avait-on offert à ce Noël-là ? Le souvenir m'échappe. Je ne revois que le ballon que l'on avait donné à mon frère, en cuir brun, idéal au toucher, dont la force d'attraction faisait sur moi ses ravages. Un ballon, un vrai ! Pouvoir le toucher, le palper, le regarder, le laver, taper dedans : quelle psychanalyse ! Je crois les avoir tous connus. Les tout premiers, redevenus tendance, qu'un lacet en leur milieu semblait fermer comme un fil, le fruit d'une opération. Jean-Paul Dubois, l'auteur d'*Une vie française*, m'en offrit un, que je sauvegarde avec un soin jaloux. Les plus petits, en lamelles de cuir, qu'un entraîneur, lorsque j'étais benjamin, caressait des après-midi entiers et je revois ses mains, aux ongles longs, tourner autour de la balle. Un son rêche, sans harmonique, semblable à un crissement, en émanait, tandis qu'un frisson désagréable me labourait l'échine.

Je revois les *winger* dont l'heure de gloire ne dépassa pas les sixties, pourtant si agréables au toucher, mais mangés tout cru par les fameux *wallabies* apparus au début des années 1970, reconnaissables à leur bout noir, comme un bouchon aux extrémités de l'ovale et qui tinrent le haut du pavé deux décennies durant.

En cuir, les ballons d'antan gonflaient ou rapetissaient au gré des équipes, la guise du buteur. Même la taille des *wallabies* variait d'une équipe à l'autre. Plus lourds que les ballons actuels, plus sensibles aux intempéries, ils influaient indirectement sur le jeu et la technique des hommes. Une averse, un terrain boueux, faisaient d'eux des « savonnettes » (allusion qui était devenue, dans les années 1970, la scie du vocabulaire rugbystique), desquelles il était ardu de tirer des partitions convenables. Une passe vissée, pour être acceptable, supposait une traction du corps que les joueurs contournaient par une feinte de croisée (souvent avec leur premier centre), de manière à pouvoir armer leur passe. Ainsi, des « sautées » adressées à leur arrière ou à leur second centre, sur attaque dite classique. De sorte que la passe traditionnelle, désormais appelée *french pass* par les Néo-Zélandais eux-mêmes, était dictée par la forme et la lourdeur du ballon.

En ces temps anciens, reculés, seuls les Italiens jouaient avec les mêmes ballons que nous. Les Anglo-Saxons, dont on sait qu'ils ne font jamais rien comme les autres, avaient adopté des ballons plus fins, plus légers, dont le contact était une plaie pour les buteurs français. À chaque rencontre disputée à l'étranger (la question ne se posait pas à Paris, où la France jouait avec ses propres ballons), je voyais la charnière, la veille des matchs, s'essayer à botter, buter, passer, avec ce ballon tout neuf, aux aspérités singulières, qui prenait le vent et annonçait la tempête.

Guy Camberabero, le ballon du match d'un beau cuir brun collé à la poitrine.

Instant de solennité
pour le buteur Aguirre
embrassant son ballon
avant le tir au but,
comme on sacrifie
à une prière.

PETITE MOTTE

À Paris, désormais, à la moindre tentative de pénalité d'un joueur du Stade français, une petite voiture arrive aux pieds du buteur de service, porteuse du tee sans lequel, aujourd'hui, il ne viendrait à l'idée de personne de tenter une pénalité. Cette mise en scène a longtemps irrité les sudistes, mes frères, qui ne voyaient là qu'un artifice supplémentaire consenti à l'amusement de Max Guazzini. Une voiture, je vous demande un peu ! C'était, à la vérité, une habileté supplémentaire de Max, une originalité qui fleurait bon l'opération marketing. Mais sait-on que les tee, ces petits objets en plastique sur lesquels les buteurs posent les ballons et dont l'arrivée scande, de manière indirecte, le rituel des tirs au but, n'existaient pas il y a seulement vingt ans ?

On procédait alors selon une méthode d'une simplicité totale qui consistait à creuser la terre avec le talon du pied. Une marque peu à peu se formait – un trou, un sillon en forme d'arc de cercle – au creux de laquelle le buteur posait son ballon. Les Écossais de mon enfance n'utilisaient pas le talon, mais la pointe du pied, afin de marteler le sol dans le sens contraire : la pointe du ballon étant tournée vers les poteaux, la frappe s'exerçant sur l'autre extrémité d'une balle. On prétendait alors que le ballon frappé de la sorte perdait en précision de trajectoire ce qu'il gagnait en puissance. « Il fend l'air », assuraient, un peu de solennité dans la voix, les vieux de mon enfance.

Pierre Villepreux, plus tard, offrit une variante supplémentaire en creusant la terre comme font les enfants, en bord de mer, soucieux de préserver leur château de sable par une rigole d'eau. Il composait de la sorte un petit monticule en frappant le sol comme on dessine un cercle. Posant la balle sur le monticule, il allait inventer là une nouvelle façon de buter, en fauchant la balle avec l'intérieur du pied. De mémoire, il fut le premier à opérer de cette façon, préfigurant là les techniques modernes.

Mais les buteurs d'autrefois, les buteurs de nos dimanches, ne tapaient comme on l'a vu par ailleurs qu'avec la pointe du pied. Ils pouvaient exceller en la matière et ce fut éminemment le cas de Guy Camberabero, d'Henri Cabrol, de Jean-Pierre Romeu.

Leur façon empirique de faire cessa avec l'arrivée du sable venu d'Australie. Les Français découvrirent la chose lors de leur tournée australe de 1990. Aux trous de naguère, plaie des terrains et des jardiniers, succédaient des petits tas de sable, dont on prétendait qu'ils se diluaient ensuite sur la pelouse. Le sable annonçait le tee, comme les porteurs, les petites voitures…

Pour le Narbonnais Lescure, pas question de tee avant le tir au but. Un coup de crampon dans l'herbe suffisait au bonheur des buteurs d'autrefois.

Lilian Camberabero avait succédé à son frère Guy lors de la finale de 1970 gagnée par La Voulte. On tapait alors de la pointe du pied.

Didier Camberabero, le fils de Guy, prépare sa petite motte...

...et place son ballon en conséquence.

BOÎTES À PHARMACIE

Elles traînaient au bord des stades ou dans un recoin des vestiaires. En bois, recouvertes d'une petite capsule de fer dont l'usage, toujours, m'échappe, elles contenaient tout un bric-à-brac improbable de pommades, d'Elastoplast, de ciseaux, de sucres, de flacons divers (alcool de menthe pour réveiller les mourants qu'un plaquage trop sévère aurait abasourdis, huile de camphre pour l'usage que l'on sait, etc.) dans lesquelles les soigneurs de l'époque plongeaient à tout bout de champ. La boîte à pharmacie était, avec le petit seau où reposait l'éponge miracle, leur bâton de maréchal, l'ustensile par lequel ils entendaient faire comprendre le rôle essentiel qui était le leur. Il arrivait que sur blessure, un soigneur un peu plus diligent que les autres emporte avec lui, courant d'un bon pas, la boîte à pharmacie d'une main et le seau d'eau de l'autre. Avec ça, un joueur pouvait bien mourir. Il serait ressuscité dans la seconde.

Les boîtes à pharmacie étaient l'orgueil des soigneurs et furent même, au début des années 1970, objets de convoitises dès lors que les clubs apposèrent dessus leur sigle et leurs couleurs. Si l'Aviron bayonnais portait ostensiblement en bordure de touche une boîte à pharmacie aux couleurs bleue et blanche, coupée à la verticale du sigle AB reconnaissable entre tous, le Biarritz olympique et la Section paloise voisine s'adaptaient aussitôt. De sorte que les mauvaises équipes, dont j'étais, se reconnaissaient entre toutes par des boîtes résolument ringardes d'où rien n'émargeait, ni le sigle ni la couleur.

« Vous êtes d'où ?
– De nulle part ! Et vous ?
– Ah moi ! Regardez plutôt ma boîte à pharmacie… »

Un problème identitaire s'en dégageait qui préfigurait le merchandising à venir et ne laisse pas de m'interroger sur la grandeur des choses. D'aucuns cherchent la preuve de leur importance dans un palmarès fulgurant, une quête jamais rassasiée, un devoir d'excellence, des comptes-rendus fameux, des hommages saisissants, quand il eut suffi, jadis et naguère, de mieux observer sa boîte à pharmacie…

On dirait une chanson salace… Quand je ne songe, au contraire, qu'à embellir le temps.

Les boîtes à pharmacie, en bois ou en métal, faisaient partie intégrante du rugby amateur.

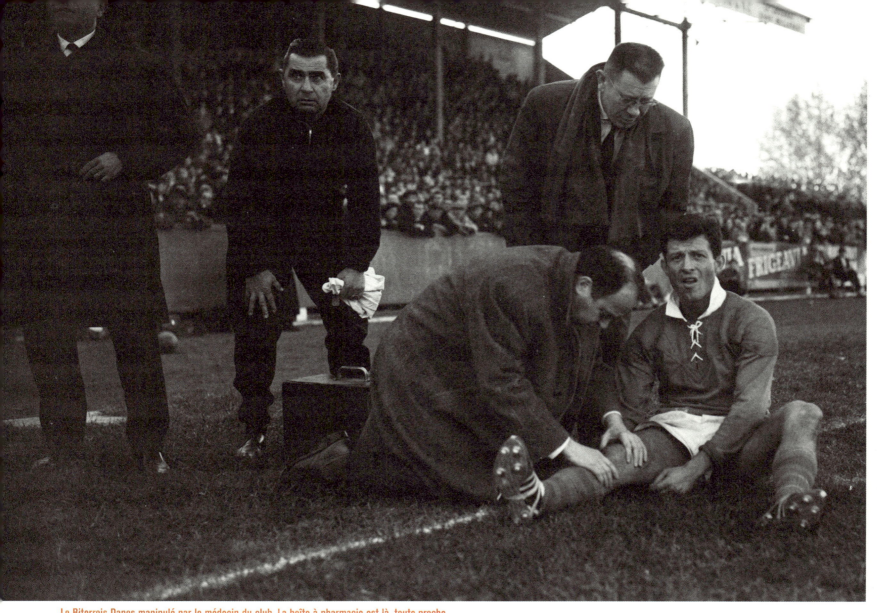

Le Biterrois Danos manipulé par le médecin du club. La boîte à pharmacie est là, toute proche...

Comme elle est là pour le Montois Nadal, K.-O. pour le compte... À Narbonne, comme ailleurs...

Un joueur blessé, un soigneur, l'affaire est dans la boîte…

La boîte toujours, au chevet des joueurs du XV de France.

Moncla et les Français de 1961 en Nouvelle-Zélande. Le recours est tout trouvé…

Benoît Dauga, André Herrero, Jos Rupert, après le France-All Blacks de 1964. Échange de maillots.

MAILLOTS

Matelassés et lourds, les maillots d'autrefois pesaient des tonnes. Un lacet, à même le col, permettait d'en resserrer les extrémités pour se protéger du vent et du froid. L'hiver, sur les terrains lourds, gorgés d'eau, ils devenaient raides comme la justice et se figeaient au corps à la première chute, de sorte qu'on croyait promener par-devers soi une camisole de boue.

Un nouveau modèle plus léger, aux épaules non rembourrées, vit le jour dans les années 1960, qui empruntait à la texture des maillots de l'équipe de France. Le modèle était classique dans sa conception et il ne serait venu à l'idée d'aucune équipe de déroger au dessin qui était le sien. C'était même là, pour le club, pour sa ville, une marque identitaire au moins aussi forte que le nom des principaux joueurs qui composaient l'équipe. Ainsi, Mont-de-Marsan, Lourdes et le Racing Club de France, pour ne citer que trois équipes exemplaires des années 1950 et 1960, portaient des maillots à bandes horizontales, d'une même largeur (noires et jaunes pour les Montois, bleues et rouges pour les Lourdais, bleues et blanches pour les Racingmen), qu'aucune mode, jamais, ne vint pervertir. D'autres arboraient des tuniques aux bandes disparates, aux tons uniques, aux profils différents.

Tout cela aujourd'hui semble antédiluvien. Non seulement le design des maillots change d'une année sur l'autre – merchandising oblige –, mais aussi les couleurs. Le bleu et rouge du Stade français Paris n'est-il pas devenu d'un rose affriolant au début de ce siècle ? N'a-t-on pas vu les All Blacks de Nouvelle-Zélande jouer en gris un quart de finale de Coupe du monde ? Les Écossais s'abriter derrière des maillots orange du plus mauvais goût ? Les Anglais jouer en bleu ?

Une part de moi s'émeut devant ces changements. C'est que je songe toujours à la fierté mâtinée de tristesse qui fut la mienne le jour où, pour la première fois, je me vêtis du maillot bleu et blanc du Stade saint-gaudinois. Je devais avoir huit ans à peine. Les maillots se tenaient – je les revois encore – les uns sur les autres, soigneusement repliés, repassés, dans un grand sac prévu à cet effet et qui me semblait l'enchantement même. Je les observais avec cette part d'envie, d'admiration et de retenue, que l'on voit aux enfants justement devant les vitrines de Noël. Mais déjà mes copains se jetaient sur le sac, sortaient les maillots à bout de bras, jusqu'à ce que je réalise qu'aucun numéro n'était floqué dans le dos et que la disposition des couleurs n'était pas la bonne et empruntait – oh sacrilège ! – à l'équipe de foot locale.

On m'avait leurré et c'était un leurre identitaire. Le ciel était bas et les larmes proches.

L'équipe de France appelée à affronter l'Angleterre en 1972.

Benoît Dauga, Christian Darrouy et Claude Dourthe sous le maillot de la côte Basque-Landes

Le Stade montois des frères Boniface, de Darrouy et Dauga dans les années 1960.

Le CA Bègles de Jean Trillo, champion de France 1969 et leur fameux maillot à damiers.

CHEVILLÈRES
ET BAS EN TIRE-BOUCHON

D'où vint la mode ? Et d'où vint, surtout, qu'elle fut typiquement française ? Toutes les photos en témoignent : les rugbymen français de jadis – soyons précis, des années 1940 à 1980 ! – portaient tous, enchâssées aux pieds, leur serrant la cheville mais posées sur les chaussettes et les recouvrant – de sorte que l'esthétique tenait au moins une part aussi grande que la prétendue efficacité du produit – des chevillères.

Les chaussettes (on disait alors les bas) tire-bouchonnées, ou soigneusement repliées en trois – au point qu'une seule bande de tissu apparaissait alors au-dessus de la chevillère – ou encore délibérément entrées à l'intérieur des protège-tibias, elles retombaient sur les chevillères et leur donnaient cette part de gravité qui n'était semble-t-il autorisée qu'aux adultes. C'est si vrai que je dus essuyer quelques quolibets le jour où je me rendis à l'entraînement des minimes du Stade saint-gaudinois, porteur de ces foutues chevillères, achetées dans une pharmacie, qui m'enveloppaient le pied, l'étouffaient dans sa chaussure à crampons, m'empêchaient de courir avec tout le naturel convenable, mais du moins me rapprochaient de mes idoles de ce temps-là.

Aucun autre rugbyman de par le monde ne sacrifiait à cette mode, n'étaient-ce peut-être nos cousins italiens. Mais l'Italie, à bien des égards, n'est-elle pas un prolongement naturel de la France ? Mode qui retomba pour partie, en France, avec l'arrivée au pouvoir de l'AS Béziers, pour cesser tout à fait à l'aube des années 1980. Il n'empêche ! Cette façon de se vêtir, de se singulariser du commun des rugbymen, ne participait-elle pas, à sa manière, d'une forme de reconnaissance du rugbyman français, à l'instar de la façon qui était la nôtre de jongler avec la balle, de l'offrir plus savamment – et avec quelle grâce ! – que n'importe quel autre joueur de n'importe quel autre pays ? Le *french flair*, le « jeu à la française », si décrié par ceux qui ne l'ont jamais approché, jamais goûté comme une culture et qui lui opposèrent les vertus du pragmatisme anglo-saxon, avait partie liée à cette singularité nationale que je déplore ne plus retrouver aujourd'hui et où chevillères et bas en tire-bouchon, entraient pour une part non moins identitaire.

Michel Arnaudet et Jean Gachassin, l'actuel président de la Fédération française de tennis, arborent de superbes chevillères.

André et Guy Boniface, ce dernier toujours identifiable à ses chaussettes tire-bouchonnées sur les chaussures à crampons.

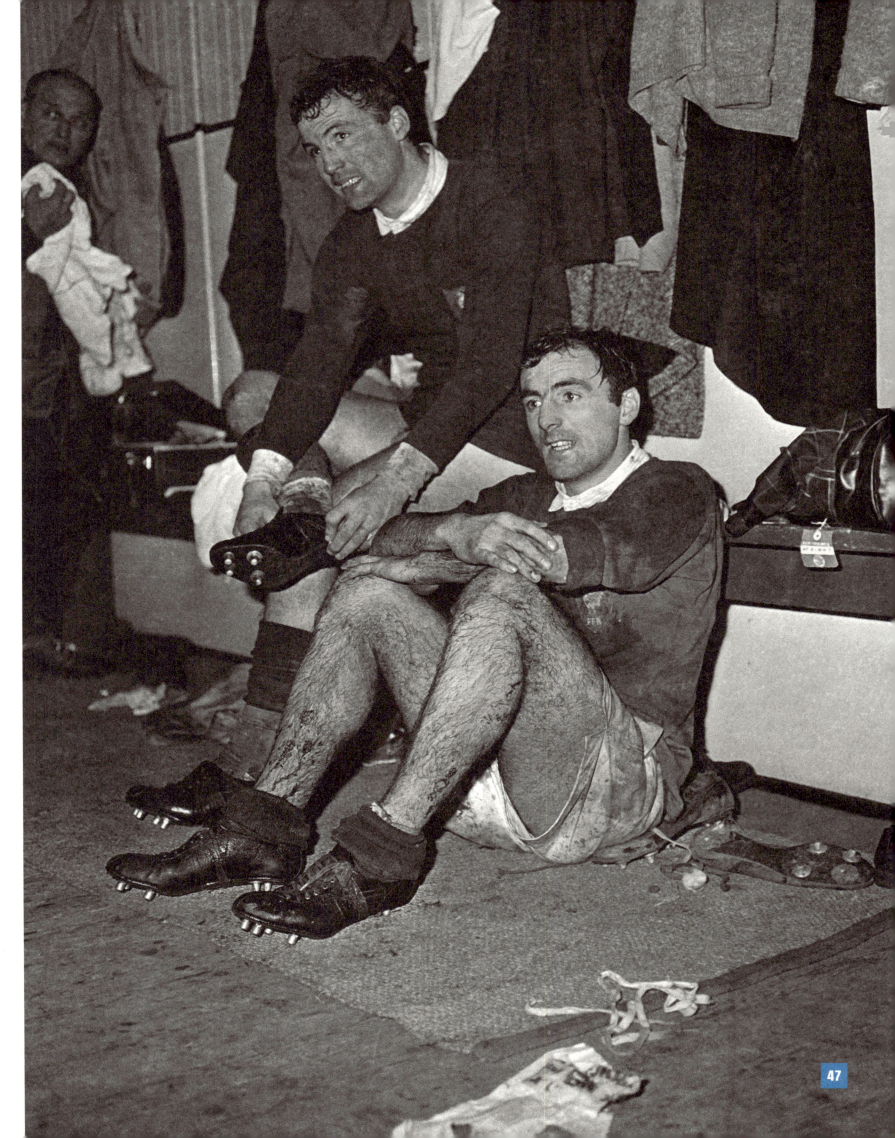

TERRAINS PELÉS

Tout le monde s'entraînait dessus. Tout le monde. L'équipe première et l'équipe réserve du Stade saint-gaudinois. Les juniors, les cadets et l'école de rugby. L'équipe première du Racing Club saint-gaudinois Comminges XIII, ses juniors, ses cadets et son école de rugby. Sans oublier certaines classes des collèges et lycées qui, de loin en loin, se rendaient au stade les jours de semaine et foulaient d'un pas égal le très vieux et cher stade annexe de l'avenue de l'Isle. Le foot ? Non, le foot avait son stade, mais c'est égal. Martelé de coups de crampons à longueur d'année, labouré par mille et un passages, le terrain en question n'avait plus d'herbe. C'était, à l'œil, un champ de terre et de boue piqué de milliers de petits trous qui étaient autant de marques de crampons.

Et des stades de cette eau, si j'ose dire, on en trouvait partout. Peut-être parce que les municipalités tentaient de ménager autant que faire se peut les terrains dits d'« honneur » et, n'ayant pas les moyens de construire et d'aménager d'autres stades, laissaient la multitude fouler le terrain d'à côté, ce pelé, ce galeux dont l'accès du reste, était ouvert à tout un chacun.

Ils se font de plus en plus rares aujourd'hui, ces champs de jeu boueux, lunaires, vérolés – on dirait d'une guerre – que le temps n'effraie plus. Je leur prête je ne sais quoi de poétique : les bruits entre tous reconnaissables d'une horde de crampons triturant la terre ; les heures lentes, protégées, idylliques de l'enfance bataillant sur place ; la douceur ténue de l'écoulement d'une rencontre, par un bel après-midi d'automne ; l'admiration puissante, l'identification totale où me jetait, enfant, l'entraînement des adultes. Images dépareillées, parfaitement dérisoires. Mon jardin d'Éden est un stade perdu, calciné, où il m'arrivait de me rendre seul, à dix ans, à douze, à quatorze, pour y courir, sauter, taper des drops et rêver, rêver, rêver…

Le rugby se joue par tous les temps, sur tous les terrains. La preuve…

On trinque doublement au rugby... Comme ici Christian Carrère, Guy Camberabero et Walter Spanghero après le Galles-France de 1968 aux couleurs de grand chelem.

CULTURE

Le mythique stade du Luc à Saint-Girons.
Jacques Descoins y lance l'attaque…

Jean Prat, « Monsieur Rugby », initie ses enfants au rugby.

Premier ballon, premier émoi.
Une vie de rugby commence peut-être ici.

PREMIÈRES IMAGES

D'où vient qu'un jour, l'on naisse au rugby au point d'en faire, à jamais, une passion inextinguible, une drogue inépuisable ? La télé, aujourd'hui, joue un rôle essentiel dans la promotion de ce jeu et dans l'intérêt que les très jeunes enfants peuvent lui porter. L'image du rugbyman s'est considérablement améliorée depuis l'avènement du professionnalisme et la pratique du rugby atteint désormais des régions hier parfaitement déshéritées. Les écoles de rugby abondent et avec elles tous les poisons de la société de consommation à même de relancer l'enthousiasme pour un jeu singulier : Chabal en objet publicitaire, calendriers annuels où des joueurs reconnus exposent leur nudité comme des starlettes, avant-hier, au Festival de Cannes. Reste que le rugby est devenu « tendance » comme ils disent et autorise, de facto, des engouements nouveaux.

Mais hier ? Avant-hier ? Le lieu de sa naissance, la famille, les amis, l'enfance, étaient les seuls terreaux où puiser cette sève. Sauf que cela ne suffisait pas toujours. Les pères de famille, les instituteurs jouaient alors un rôle déterminant dans la découverte d'un sport qui suppose, plus que tout autre, une filiation, un lien intergénérationnel. Mon père me guida très tôt vers les stades. Il me semble d'ailleurs que mon premier vrai souvenir de rugby date de 1965 où celui-ci nous avait entraînés, mon frère et moi, à Saint-Girons. L'équipe junior de Saint-Gaudens s'y produisait en lever de rideau de la rencontre Saint-Girons-Vienne. Je revois avec une acuité qui ne cesse de me surprendre, les vieux vestiaires du stade du Luc aux senteurs capiteuses de camphre. Le mouvement des joueurs saint-gaudinois après la rencontre, lequel se confond dans ma mémoire avec le mouvement de houle d'un public chauffé à blanc. Un joueur de Vienne étendu pour le compte par un avant ariégeois au visage ceint d'un casque blanc, puis porté sur le bord de la touche par deux dirigeants, répétait à l'envi : « Il faudra venir à Vienne... Il faudra y venir. » Je pourrais de mémoire restituer la scène, le visage grimaçant, apeuré et plein de ressentiment de ce joueur viennois, la couleur des maillots et l'air d'ineffable crapule de son agresseur. L'atmosphère était chargée d'électricité et le monde bougeait.

Résiste-t-on à cela ? Plus que le jeu auquel je ne comprenais goutte, il me semble aujourd'hui évident que ce que j'ai aimé, tout de suite, dans cet univers d'hommes, ce fut sa part théâtrale. Une magie en émanait, un pouvoir s'y embusquait, qui m'éloignaient merveilleusement du quotidien de l'école. Ce stade et ce dimanche ensoleillé se sont figés en moi avec toute la force d'une première émotion. Le tégument léger dont les années les ont recouverts n'a rien ôté à la qualité du souvenir. Au reste, on le sait bien, ce sont ces souvenirs-là qui comptent. « Ceux de l'enfance sont les pires, ceux de l'enfance vous déchirent... », chantait Barbara. Pour un peu, il me semble d'ailleurs que mes souvenirs de rugby ont cessé avec l'adolescence. Depuis – profession oblige –, les matchs s'enchaînent et les prouesses et les émotions. Mais aucun, jamais, n'aura le souvenir sucré et vif de ces rencontres de la petite enfance, quand la main d'un père vous guide vers un stade et que se déploie, pour vous seul, un monde nouveau bercé par l'imaginaire.

**Ne riez pas.
Les étirements du rugby
de papa avaient quelque
chose d'impayable…**

ENTRAÎNEMENTS, MODE D'EMPLOI

Il est permis d'en rire. À Saint-Gaudens, dans le groupe B de l'époque, les deux entraînements hebdomadaires étaient suivis de repas pris en commun, dans la grande salle du club-house, que préparaient avec un soin jaloux trois bénévoles du club. Une thématique culinaire s'y faisait jour : il y avait les soirées cassoulet, les soirées daube, les soirées choucroute, desquelles chaque joueur ressortait le visage cramoisi, l'apparence bourrue : les sangliers du Comminges ! Des bouteilles de vin rouge et des chopes de bière circulaient sur la table, accompagnaient les plats lourds que les protagonistes feignaient d'ignorer dans un premier temps, avant de succomber à la tentation. Les diététiciens à notre contact seraient devenus chèvres. Ah, on se noircissait gaiement le museau…

Dix ans au préalable, dans ce même club, comme dans beaucoup d'endroits de France, on se contentait d'un seul entraînement hebdomadaire, lequel, à la réflexion, pouvait passer pour un prétexte supplémentaire à faire la fête. Il donnait lieu à des bacchanales dont on n'a pas idée, qui nous prenaient la nuit entière et donnaient du ton à nos vies estudiantines. Des anecdotes ? Elles fourmillent. Ainsi de ce petit matin où dans une librairie de la petite ville, Max, demi de mêlée du club, se pique de jeter un œil sur *Playboy*, magazine antédiluvien – existe-t-il toujours ? – dont les pages centrales montraient des filles nues. Dans le même temps, il perçoit un homme, à côté de lui, venu acheter des journaux autrement sérieux, dont il devine au premier coup d'œil la retenue. Avec un naturel, un aplomb et un sens du comique qui fait ma joie, Max se tourne aussitôt vers notre homme et ouvrant le magazine par le milieu s'insurge à voix haute :

« Si ce n'est pas une honte, tout de même, de montrer des choses pareilles… »
L'homme acquiesce évidemment, jette un œil très vite, y revient, se rince l'œil, s'insurge à moitié.
« Et là, dit Max en montrant une autre photo d'une fille à la poitrine lourde…
– Une honte, confirme notre homme qui cette fois se retourne.
– Et là, poursuit Max, ne me dites pas…
– N'en jetez plus, dit l'homme. Je ne veux rien savoir.
– Quand même, quand même, maugrée Max, qui, n'y tenant plus, ouvre un autre magazine autrement plus salé et le place sous les yeux du pudibond. Et ça, dit-il ? »
L'homme sursaute littéralement, place ses mains en avant et hurle tout de go :
« Loin de moi, démon… »
Avant de filer vers la sortie, crêté, scandalisé, tricotant devant nous une petite foulée d'un autre âge qui nous laisse, trente ans après, dans la même suffocation de rires qu'au premier jour…

Imagine-t-on cela au temps du professionnalisme triomphant ? Les entraînements prévus à 19 heures, sur des stades mal éclairés, des terrains trop secs ou boueux, par tous les temps possibles ? C'était tous les jours tempête… On y travaillait la passe, les cadrages débordements, on y multipliait les séances de jeu à toucher, mais le travail de la mêlée se réduisait à sa plus simple expression – un joug, trois rentrées en bélier et l'affaire était dite – comme d'ailleurs celui de la touche : cinq lancers sans opposition, deux départs en fond d'alignement et les dés étaient jetés… Pour lors, le travail collectif se limitait à quelques enchaînements sans opposition, des passes dans le vide, un semblant de liant.

Après deux heures de course, de sauts, de séances collectives que j'ai donc quelque appréhension à qualifier de « technique », tellement nous en étions, me semble-t-il, aux balbutiements des choses, nous abordions d'autres rivages au siège du club. Une bière nous occupait. La conversation roulait sur le jeu, la plus sûre façon de faire aussi bien que Lourdes dans l'art d'amorcer une attaque classique, d'égaler Béziers dans l'art d'enclencher ce qui n'étaient pas encore des mauls pénétrants. À la deuxième bière, la conversation prenait du ton. À la troisième, on frôlait les grands sujets : littéraires, philosophiques, scientifiques. Et c'est fou du reste comme tout cela nous passionnait. Je revois Jacques Descoins, notre entraîneur, évoquer Debord une nuit entière, le cinéma suisse de Tanner et Soutter. Frais émoulu de classe terminale, jeune étudiant en fac de lettres du Mirail, à Toulouse – oh, je n'y fis pas long feu ! –, passionné de cinéma, me piquant de théâtre, de philosophie, entouré d'autres étudiants, il n'était pas rare, je le jure, que nous passions sans transition de Maurice Prat et de Raoul Barrière, à Heidegger, via Léo Ferré, Claude Sautet, pour revenir à Nietzsche, circuler jusqu'à Blondin dont les rodomontades et les beuveries remontaient jusqu'à nous. Jean-Étienne et Max (le même) chantaient Brassens et Boby Lapointe comme personne. À la quatrième bière, au reste, les chants montaient dans le bar assiégé. À la cinquième, les conneries commençaient : c'était à celui qui appellerait M. Lelièvre en pleine nuit pour simuler un coup de feu et lui crier : « Pan, pan… » À celui qui, au hasard de l'annuaire, tomberait au téléphone sur une femme, évidemment inconnue, et lui avouerait ouvertement son amour. Cela donnait lieu, je vous l'assure, à des appels piquants, désopilants, des aveux d'autant plus déchirants qu'ils ne reposaient sur rien. « Vous avez une belle voix, me dit un jour une femme comme je cherchais justement à masquer la mienne »… Un soir, avec José, grand trois-quarts centre devant l'Éternel, nous fîmes pour la même jeune fille, avocate en devenir, un concert à deux voix dont elle ne se rendit jamais compte, persuadée de bout en bout d'avoir la seule et même personne au bout du fil.

Suis-je très éloigné du sujet initial ? J'y suis en plein, au contraire. Parce que le rugby de ces années-là n'était que digressions, dérivatifs, arquebusades : un lieu pour rire !

Un entraînement par semaine, parfois deux ! Et il faudrait s'étonner de constater que les piliers, au fil du temps, voyaient une sacoche pousser sous leur chemise. Devrais-je ajouter que, comme tous ou presque dans cette France de la fin des années 1970, les joueurs fumaient ? Et le plus souvent des fortes, des vraies, des bleues, qu'Henri Fourès, manager du XV de France, faisait suivre par cartouches entières vers la Nouvelle-Zélande où la France, en 1968, se rendait pour un long mois sans être sûre d'y trouver ce tabac brun aux volutes indigo…

On ne faisait pas beaucoup de musculation dans le rugby amateur…

…et quand on s'y essayait, fallait voir comme ! Ici, les Lourdais Garuet, Armary et Coumes.

Claude Spanghero parmi les bovins de sa ferme.

François Labazuy, international et garagiste.

Michel Crauste, capitaine de l'équipe de France et employé EDF.

Monsieur Tout-le-Monde

Tout ce qui sépare l'amateurisme du professionnalisme et le passé du présent se trouve peut-être ici résumé : c'était un sport d'hommes, c'est devenu le métier d'une élite sportive aux critères physiques impressionnants.

La différence n'est pas neutre pour qui se pique de sociologie. Parce qu'enfin, les rugbymen de jadis et naguère étaient nos frères, nos pères, nos voisins, accessibles, identifiables, qui tenaient commerce ou enseignaient dans la ville où souvent ils jouaient, nous parlaient de nos racines, de nos couleurs et renvoyaient en creux ce message subliminal : le rugby était accessible à tous. Je me revois, à sept ou huit ans à peine, croiser dans la rue et suivre le long d'un trottoir ce troisième ligne que j'avais remarqué, un dimanche, sur un stade, parce qu'il ne portait pas de chaussettes, mais seulement des chevillères qu'il enfilait sous les crampons. Un parfum de soufre planait autour de lui, simplement parce qu'il avait quitté le Stade saint-gaudinois de Bernard Mommejat pour le voisin montréjeaulais. Je le revois marcher en boitillant. C'était un lundi : il avait dû se blesser la veille sur les champs de ce jeu. Dans mon esprit, sa boiterie s'accompagnait d'une histoire idéale que je m'attribuais aussitôt. J'étais le héros blessé d'un dimanche de sport, devant lequel une fille éperdument amoureuse se lamentait. Ne souffrais-je pas trop ? Je repassais dix fois la scène dans ma tête. La blessure, la sortie du terrain, la fille aux abois dans un coin des tribunes…

On ne pouvait pas avoir plus de charme, aux yeux de l'enfant que j'étais, que cet homme qui arpentait les rues de la petite ville, blessé d'une guerre sans soldat mais non dénuée de romantisme.

Petit retour en arrière : souvenons-nous de la définition que fit du rugby Jean Giraudoux dans la moitié du XXe siècle : « L'équipe de rugby prévoit, sur quinze joueurs, huit joueurs forts et actifs, deux légers et rusés, quatre grands et rapides et un dernier, modèle de flegme et de sang-froid. C'est la proportion idéale entre les hommes. »

Or cette singularité n'a plus court et le rugby professionnel nous renvoie vers un sport devenu soudainement inaccessible au commun des mortels. Les blessés se soignent dans des centres prévus à cet effet, n'arpentent plus les rues des villes, ne se rendent pas à leur travail, coûte que coûte, le lundi matin et les enfants n'ont plus le privilège de les suivre sur un trottoir pour se raconter des histoires. Digression bue, la part d'engagement physique que demande désormais le jeu de rugby suppose, après quinze ans seulement de professionnalisme, un physique hors norme, lui-même développé par une préparation athlétique intense. On voit aujourd'hui des joueurs avec des bras comme des cuisses et des cuisses de l'épaisseur d'un tronc. Or, si cet état de fait perdure, si cette donne s'amplifie, on voit bien où tout cela va nous mener : vers le sport d'une élite, fermée, cloisonnée sur ses mérites et ses secrets, à maints égards comparable à celle qui, aux États-Unis, participe des rencontres de foot US.

Dans la cacophonie des promesses contradictoires et d'ailleurs jamais tenues par les dirigeants de ce jeu, les morales se retournent, les mêmes mots ne désignent plus les mêmes valeurs et le professionnalisme est en passe de jeter au feu, dans l'indifférence générale, le passé d'un sport, sa source, ses racines, ses différences. Je ne suis pas sûr de m'en remettre tout à fait…

LE JOUR DU SEIGNEUR

Pour des milliers d'entre nous, le rugby est un dimanche. N'était le Tournoi des V, nations qui faisait exception à la règle, tous les matchs de toutes les divisions se sont joués pendant près d'un siècle le dimanche. Les écoles de rugby jouaient le matin. Les juniors sévissaient en lever de rideau de leurs aînés, lesquels se présentaient immanquablement sur le stade à 15 heures. Éric Platel a composé sur le sujet une émouvante chanson, *Le Dimanche à 15 heures*, qui résume assez bien ce que furent, des décennies durant, les us et coutumes du jeu de rugby.

Petit aparté : on prétend que si celui-ci s'est implanté dans le Sud de la France, c'est sur fond de protestantisme, de catharisme, d'insurrection. La France bigote et catholique avait fait du football son sport de prédilection, dont l'usage était établi dans toutes les écoles privées du pays et fermement recommandé dans toutes celles où le Dieu chrétien veillait sur ses ouailles. Le Sud du pays, réactif, en opposition, plus occitan que français, plus rebelle que traître à la patrie, aurait ainsi choisi le rugby comme on se démarque de l'institution en vogue, du pouvoir parisien.

La « religion » des matchs joués le dimanche vient-elle de ce pied de nez aux normes en vigueur ? Il est permis de le croire. En sorte que je dois au rugby de mon enfance de m'avoir dispensé des messes dominicales qui culpabilisèrent mes premières années sous le poids de leur dogme, le sens du péché.

Pour lors, un vent de liberté soufflait sur nos fins de semaine. Et si les hommes de mon passé, les hommes selon mon cœur, travaillaient six jours sur sept et n'avaient jamais que le dimanche de libre, les matchs de rugby passaient pour eux, dans ces conditions, pour la plus formidable distraction qui soit. Il faut se souvenir de ce qu'était la France des années 1960, travailleuse, guindée, provinciale. Or le théâtre n'existait justement pas dans la grande majorité des moyennes et petites villes de province, le cinéma se réduisait à une ou deux séances d'un même film par semaine. Mai 68 n'était pas encore passé par là et nos journées dominicales ne s'accompagnaient jamais que d'un déjeuner familial, dont la consistance plus imposante qu'à l'ordinaire empruntait elle aussi au jour du Seigneur et dont la digestion se faisait, cigare aux lèvres, dans les tribunes en bois du stade local. Jean-Paul Dubois, l'auteur de *Kennedy et moi*, me disait un jour être imprégné à jamais de ces effluves de cigares qui montaient des stades de notre enfance et se confondaient pour partie avec le rugby lui-même.

Chemin faisant, ces dimanches-là aidaient à l'unification des familles. Mais le rugby était un dimanche à l'heure et à l'époque où s'affrontaient, sur tous les stades de France, les géants et les nains, les gros et les plus minces, le boucher et l'enseignant, le chef d'entreprise et le paysan du coin. À l'heure et à l'époque où les tonneliers de France dopés au saucisson à l'ail et les mineurs de la Rhondda Valley, nourris à la poussière de charbon, mettaient sur le cul, comme le disait Jean Lacouture, le fils de lord Derby ou le neveu de lady Chatterley.

Époque abolie, définitivement enterrée par le formidable mécanisme spectaculaire et financier qu'est devenu le rugby professionnel, pourfendeur de culture et destructeur de patrimoine.

L'abbé Pistre, homme d'église et passionné de rugby devant l'Éternel.

Un joug comme on n'en fait plus, un entraînement sous la neige. Allez-y poussez, poussez...

Pour prévenir le gel, on couvrait les terrains de paille.

UNE SENSATION DE FROID

Ah ! Les vestiaires jamais chauffés des petits matins de l'enfance ! Nous partions le dimanche matin aux aurores, un chocolat au lait rapidement ingurgité, dans des cars froids, aux odeurs multiples, nauséabondes (tabac et gasoil), le cœur dans les talons. Une, deux heures après, nous débarquions dans des stades inconnus, des vestiaires glacés, souvent humides, transis, tremblants, livides : le chocolat, le car, les routes tortueuses, le froid…

Je peux, sur le sujet, composer de mémoire un petit texte sur la palette de sensations éprouvées qui tuaient le plaisir et rendaient les choses douloureuses. Parce qu'il fallait se déshabiller, bien sûr, dans des pièces trop étroites où nous étions les uns sur les autres et que montait, alentour – pieds, chaussettes, vêtements de corps, dessous de bras –, un remugle d'odeurs suffocantes. Immanquablement, quelqu'un vous marchait sur les pieds. Le froid compliquait tout, ajoutait au masochisme ambiant, à la peur de la rencontre. Outre l'adversaire, il fallait braver l'hiver, vêtu d'un petit short et d'un simple maillot trop léger ou trop lourd, jamais adapté à la taille, au temps qu'il faisait et à la couleur des choses…

L'enfer ? Pavé alors de bonnes intentions. Parce qu'aussitôt, comme par miracle, le temps se levait. Le temps glacé, maussade, devenait ensoleillé. Le temps vautré, soudain alangui. Une course, un ballon et tout s'effaçait. Le froid et l'ennui ! Pour laisser passer les verts paradis des amours enfantines…

Le froid a-t-il prise dans le coudoiement des vestiaires ?

La télé s'est emparée du rugby avec l'arrivée du professionnalisme.

LA TÉLÉ DE PAPA

L'arrivée de la télévision constitua, bien sûr, un virage majeur dans l'appréciation même du jeu de rugby. Rien ne pouvait plus être pareil après l'image. Terminés et pour cause les commentaires décalés, délirants et drôles de Loys Van Lee relatant en direct à l'antenne un essai qui s'était produit dix minutes plus tôt, comme s'il se déroulait sous ses yeux. Revus et adaptés les écrits lyriques, enlevés, souvent excessifs de nos meilleures plumes. Désormais, l'image était là et il fallait s'y conformer. Un essai de cinquante mètres ne pouvait décemment plus en faire cent et les coups de pied de cent dix mètres étaient ramenés à des proportions plus modestes. Le rugby y perdait en légende ce qu'il y gagnait en réalisme. Mais la télévision garda trois bonnes décennies durant un tour tellement confidentiel qu'elle ne pouvait changer radicalement la face de ce sport. L'effet Couderc, pour aussi réel qu'il fût, ne pouvant à lui seul bouleverser des habitudes que seuls quatre matchs du Tournoi et une finale de championnat mettaient à mal.

Le grand changement, la vraie révolution, viendra en 1995 avec l'arrivée du professionnalisme dont la naissance est d'ailleurs intimement liée à la mainmise de Rupert Murdoch, magnat de la presse australienne, sur les compétitions de l'hémisphère Sud. Le phénomène de mode des années 1960 retombé, le rugby devait retrouver son rythme de croisière initial. Or, en 1995, professionnalisme oblige, tout change ! En rentrant dans l'ère du sport business, le rugby va vendre une partie de son âme à la télévision. Les investissements importants que celle-ci réalise auprès des fédérations l'autorisent naturellement à tous les droits. En deux ans, de fait, la télé s'approprie le rugby dans son entier et le change à proportion. Au langage coloré, naturel, brut de décoffrage que nous offraient les Spanghero de naguère, les reparties des joueurs de l'an 2000 se font soignées, policées, transparentes. Les accents même changent. Témoigner de ce jeu, soit, mais pas avec « l'assent » de Castelnaudary !

Les joueurs sont devenus des personnages publics. La télévision qui a tous les droits et a accès partout, les montre sous toutes les coutures : à poil dans tel vestiaire un soir de finale, soumis et le visage bas sous les vociférations de Bernard Laporte un jour de Tournoi. La télé devenue reine le fait savoir. Pour elle, les journalistes de radio et de presse écrite doivent désormais attendre une heure ou deux au sortir des rencontres pour pouvoir accéder aux joueurs. Partenaire majeur, elle entend faire valoir ses prérogatives et décide peu ou prou du mode des compétitions, des heures et des jours de retransmission, au point de faire le rugby à son image.

Pour autant, on ne saurait sans honte lui jeter l'anathème. Son souci de rentabilité s'explique et la démesure de sa démarche emprunte à celle de la presse en général sur les vingt dernières années. Rien ne ressemble plus à la course à l'audimat que le souci constant de la presse écrite de s'accaparer de nouveaux lecteurs. La retape de la télé, on la retrouve dans l'approche people de tous les journaux.

Mais en montrant tout d'un jeu jusque-là replié sur ses secrets, la télé a cassé le mythe, appauvri le mystère, réduit à rien le sel des préparations. Ce faisant, elle a aussi modifié la religion du jeu tel qu'on l'exprimait. Longtemps, je l'ai dit, les matchs se refaisaient aux abords des vestiaires, dans le coudoiement affairé des bodegas, le long de ces heures molles qui clôturaient les rencontres. Une culture de l'oralité s'en dégageait. Les puristes de la chose composaient, à la nuit tombante, dans les froidures hivernales, des forums techniques enfiévrés. Avec la télé, le rugby se perçoit désormais d'un œil plus lointain, superficiel et solitaire. Avec elle, on voit les rencontres, on ne les commente plus. Et si, à l'égal des techniciens, on se les repasse à satiété, c'est souvent pour décrypter le jeu de l'adversaire. De sorte qu'en tuant l'agora, la télévision a peut-être aussi enterré une forme de spontanéité de l'expression, son improvisation, sa poésie. D'un jeu de grand vent et de courses, elle a fait un sport de calculs, d'une expression lyrique, un champ mathématique. Il est permis de le regretter.

Un écran antédiluvien au service de l'ORTF.

Roger Couderc et Thierry Roland, premières stars des médias.

Georges de Caunes et l'abbé Pistre au micro de TF1 dans les années 1970.

Roger Couderc aux commentaires.
La télé, alors, ne prenait pas toute la place...

Les avants de Toulon au cœur des années 1980. Champ appelle au regroupement, sous la protection de Bernard Herrero (n° 2), Roux, Raibaut et Louvet.

LA TERRE
DE NOS ANCÊTRES

C'est Michel Serres qui, le premier, un jour, osa, au cours d'une émission télévisée, un rapprochement entre la terre de nos ancêtres et la façon de jouer de nos équipes. C'est qu'on ne jouait pas de la même façon, alors, à Béziers et à Paris, à Toulon et Clermont-Ferrand, à Grenoble et à Bayonne. Le jeu était libre et aéré, un rien bordéleux, d'« inspiration gauloise » disait notre philosophe, de Mont-de-Marsan à Bayonne, de Brive à Agen. Il était cuirassé, monolithique, tourné sur les avants, « évocateur des tortues romaines, de stratégies collectives influencé par toute l'histoire romaine », de Nice à Perpignan.

Vrai ? Sans aucun doute. Même si des exceptions se firent jour. Si Brive ou Agen, Dax, Pau ou Biarritz purent se targuer, à bon droit, de posséder un pack en or massif. Si Narbonne put revendiquer une ligne de trois-quarts de fort calibre à la fin des années 1970, où s'illustraient notamment Maso, Sangalli et Codorniou. Si Lourdes préfigura le premier le rugby dit « total » (une alternance et une homogénéité parfaites entre toutes les parties de l'équipe) au sommet de sa gloire. Si Toulouse, enfin, parut dresser une frontière naturelle entre est et ouest au point de s'accaparer, de « la Vierge Rouge » aux temps héroïques actuels, un rugby somme toute plus équilibré, qui me fit écrire, en préface au livre rédigé par Bruno Fabioux et Henri Rozès sur *Le Stade toulousain, un siècle de rugby en rouge et noir* : « Je me suis souvent demandé d'où venaient, dans le jeu du Stade toulousain, tous matchs confondus, les meilleurs comme les moins bons, cette étincelle d'allégresse qui très souvent le distingue des autres, l'art si subtil de pousser le panache comme une déclinaison d'identité, cette manière d'être, d'abord

Sella ouvre devant Delage et Gratton. Le jeu d'Agen prétendait au grand large et la course...

...quand celui de Béziers, au contraire, se confondait avec la force et l'ardeur d'un pack monolithique.

Richard Astre, élégant aux commandes du diabolique pack biterrois.
On reconnaît Saisset, Meiser, Vaquerin, Palmié, Senal, Martin…

imperceptible, souvent lumineuse, qui n'appartient finalement qu'à lui ? […] Ce n'est pas un air de Sud-Ouest que le Stade trimballe dans ses bagages. Le "tout derrière" propre à l'Aviron bayonnais d'une certaine époque, au Mont-de-Marsan des frères Boniface, à Agen même… Je parierais plutôt pour une sorte de panaché notable entre deux cultures, la Gasconne et la Languedocienne. L'eau et le feu. Le vent du large et la tortue romaine. Comme si Toulouse avait servi de frontière entre Sud-Ouest et Sud-Est, se refusant à cloisonner son jeu, pour subtilement jouer sur les deux parties avec un art consommé de l'équilibre. »

Dérisoire ? Pas vraiment, si l'on veut bien considérer que se jouent là, pour grande partie, dans une sorte d'inconscient collectif, toutes régions évidemment confondues, l'histoire, l'identité, le patrimoine même de nos clubs. Si l'on ne jouait pas le même jeu à Paris et à Lavelanet, on adoptait en revanche les mêmes lois grégaires, ancestrales, instinctives de ses ancêtres comme de ses contemporains. Dans la capitale, du Racing au Puc, via le Stade français, le rugby a souvent épousé les couleurs de sa ville : un peu décalé, un peu brindezingue, gentiment snob, idéalement universitaire. En Ariège où la vie était rude, le froid sévère, l'industrie bancale, le Stade lavelanétien répondait à des critères équivalents pour assouvir ses heures de gloire en première division et en appeler à l'identification totale de son public. Et ce chant-là, cette musique des grandes orgues, on pouvait les retrouver, selon des arpèges sensiblement différents, à La Rochelle comme à Montchanin…

De fait, on l'a bien compris, le rugby, fils aîné de la soule, a toujours eu partie liée avec la rudesse d'un lieu, ses lointains poétiques, ses horizons sociaux, culturels, géographiques. À Toulon, on justifie le poids de la rébellion sur l'équipe par la difficulté historique de la ville à bien se situer entre Marseille l'industrieuse et *Nissa la bella*. Pour exister, Toulon dut jouer des coudes. Tabler sur la marine marchande. Tirer honneur de son milieu ouvrier. Ses joueurs de rugby poussèrent l'avantage jusqu'à se construire dans la bagarre, trouver un label dans le combat, une fierté dans l'affrontement.

Il est permis de croire que le professionnalisme a mis à bas ce processus identitaire par un jeu uniforme, biologique, universel. De sorte que le brassage des joueurs dans chaque formation contribue, année après année, à enrichir une culture mondiale au détriment de la régionale, de la locale. S'en émouvoir ? Il est déjà trop tard et les dés sont jetés.

CULTURE ÉCRITE, CULTURE ORALE

Rien de plus déroutant que l'évolution des médias du rugby en l'espace de quelques années. Ils furent, il est vrai, doublement servis, avec l'avènement considérable d'Internet et du numérique – qui changent du tout au tout la façon de travailler, imposent des règles nouvelles, brassent les cartes, placent la vidéo à hauteur de l'écrit et figurent la plus grande évolution de la profession depuis Gutenberg –, mais aussi avec la professionnalisation de ce jeu qui aura elle-même révolutionné les rapports entre la presse et les sportifs.

Comme il semble loin, perdu, intangible, le temps où les journalistes pouvaient monter dans le bus de l'équipe de France, accéder aux chambres des joueurs, partager leur quotidien, nouer des amitiés dont je perçois mieux, aujourd'hui, qu'elles seront, pour certaines d'entre elles, éternelles. Ici au moins, la nostalgie doit être permise qui oppose à la froideur actuelle, son fond de fraternité. Mais quel privilège en même temps, pour un professionnel de la chose, d'accompagner cette époque, d'être témoin et acteur d'une évolution médiatique qui parfois nous dépasse, mais dont on feint, pour avoir bien suivi les conseils de Cocteau, d'être les organisateurs…

En dix ans, le rugby qui ne se voyait retransmis sur les écrans de télé qu'une dizaine de fois par an (et encore !) est devenu ce produit de consommation courante dont vous pouvez voir des extraits – j'exagère à peine – à toute heure du jour et de la nuit. Matchs en direct, matchs en différé, reprises innombrables, rencontres d'autrefois sur ESPN, reportages divers, vidéos multiples sur tous les sites Internet de la terre : le rugby est partout, tout le temps.

À la fin des années 1970, où seul le Tournoi et la finale du championnat étaient retransmis – parfois un match de tournée échappait à la règle –, les amoureux de la chose dévoraient les journaux. *Midi Olympique*, *L'Équipe*, les journaux de la PQR. Chaque match était alors conté par le menu : et pour cause ! personne ne les voyait ! De loin en loin, un témoignage nous arrivait : untel avait affronté Herrero avec Nice, tel autre s'était heurté à Bagnères, Béziers ou Saint-Girons… Un autre avait vu Patrick Nadal, fils spirituel d'André Boniface, avec Mont-de-Marsan. Un autre encore s'extasiait devant le jeu biterrois, ses chars et ses massues, ses novations techniques, quand un dernier, perdu au fond de la salle, n'en pinçait plus que pour Bayonne…

Quand les journalistes accédaient aux vestiaires des joueurs, Pierre Albaladejo en profitait pour faire valoir ses états d'âme.

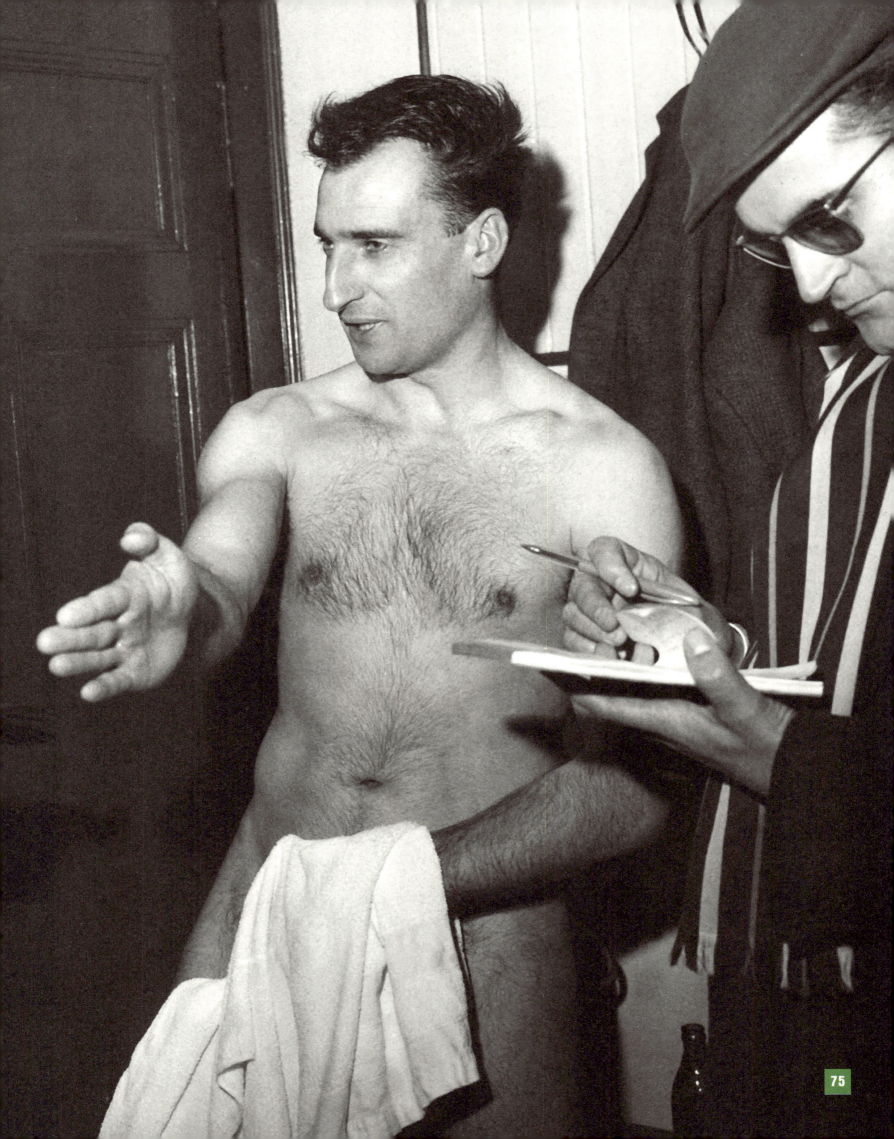

La culture écrite, vivement relayée par l'orale, prenait alors toute la place. Aux écrits épiques de Lalanne, de Rozès, de Barran ou de Nayrou s'ajoutait la vision romancée, approximative, distraite des témoins en question. La plupart étaient joueurs ou anciens joueurs et leurs témoignages semblaient, à l'adolescent que j'étais, d'une crédibilité parfaite. En sorte qu'André Herrero devenait, un soir de match, entre 17 et 19 heures, au zinc d'un bar, dans le brouhaha d'une conversation échevelée, ce pur héros des temps modernes, capable à lui seul de soulever un stade, d'induire par son comportement la victoire des siens, d'impressionner son monde. Ah non, Béziers n'avait pas caractère semblable ! Ou si, au contraire, Béziers comptait dans ses rangs des joueurs d'une trempe égale... Bientôt, nous quittions les rivages du jeu d'avants pour nous inscrire dans le droit-fil de l'école lourdaise – encore en vogue – au culte des équipes joueuses, frondeuses, dont la technique individuelle des trois-quarts nous en imposait. La conversation dérivait vers Nadal, Maso, Trillo, Belascain, Bertranne et les autres. Untel rapportait d'un match aperçu à X le cadrage débordement effectué par Y dans un mouchoir de poche. Les verres sur le zinc témoignaient du placement des uns et des autres, de l'action telle qu'elle s'était dessinée dans l'esprit de notre interlocuteur. Pour être audible, il se devait d'en rajouter un peu, de distraire son auditoire par une curiosité de son cru. De sorte qu'au texte déjà en partie romancé d'un Lalanne, s'ajoutait cette part de complexité que notre ami avait relevée et dont il faisait grand cas, à l'instant, bougeant les verres sur l'espace réservé tels des petits soldats de plomb.

Nos joueurs étaient mythiques ou n'étaient pas ! Une indescriptible aura les enveloppait qui me fit bafouiller la première fois que j'ai parlé à André Herrero – et je revois le lieu avec une acuité formidable : le club-house du Stade toulousain dans le vieux Ernest-Wallon, détruit au début des années 1980, où Nice venait de perdre ; André traînait, solitaire, dépité, dans cette salle où allait se tenir la réception d'après-match, prenant une pomme et la croquant l'esprit pénétré d'un songe intérieur. Sa gentillesse s'accompagnait de curiosité rapide, d'indifférence masquée, éclair des yeux d'un bleu si pur sur un visage long, émacié, que barrait une grosse moustache brune.

Une même admiration de potache, de passionné, me liait à André Boniface que je n'ai jamais vu jouer mais dont les témoignages en faisaient, par le prisme de l'imagination, une icône parfaite. Et c'était là, bien sûr, tout le fruit de cette culture écrite (ah les textes, je le répète, de Lalanne, de Barran, de Montaignac ! L'adolescent que j'étais les mettait à hauteur d'Hemingway, de Blondin, de Nourissier, qui, alors, m'enthousiasmaient) que prolongeait, qu'exacerbait la culture orale vers l'engouement que l'on voit.

Les jeunes gens d'aujourd'hui pourront-ils pareillement s'appuyer sur l'oralité et le rêve à l'instant de célébrer, demain, les joueurs qui les ont fait frissonner ? Je ne le jurerais évidemment pas. Quelle part donner au fantasme et à l'imaginaire dans le rugby d'aujourd'hui, dont chaque action est vue, revue, décortiquée à l'envi ? Le lyrisme tend à disparaître des écrits, comme les bistrots désertent les villes. Allez donc, dans un article, jouer sur les symboles, électriser les phrases, donner du ton au verbe, chercher la métaphore la plus sûre, à l'instant de rendre compte d'un fait que tout le monde a vu, sur lequel radios, télévisions et sites Internet sont revenus ? Une lassitude vous guette. Comme il ne viendra plus à l'idée de personne de recréer à bouche mordante, d'un geste sûr, devant un parterre de potes, une action que tout le monde a pu apprécier dix fois à la télévision. À quoi bon tout cela ?

Jacques Fouroux en conférence de presse. Comme aujourd'hui, la solennité en moins.

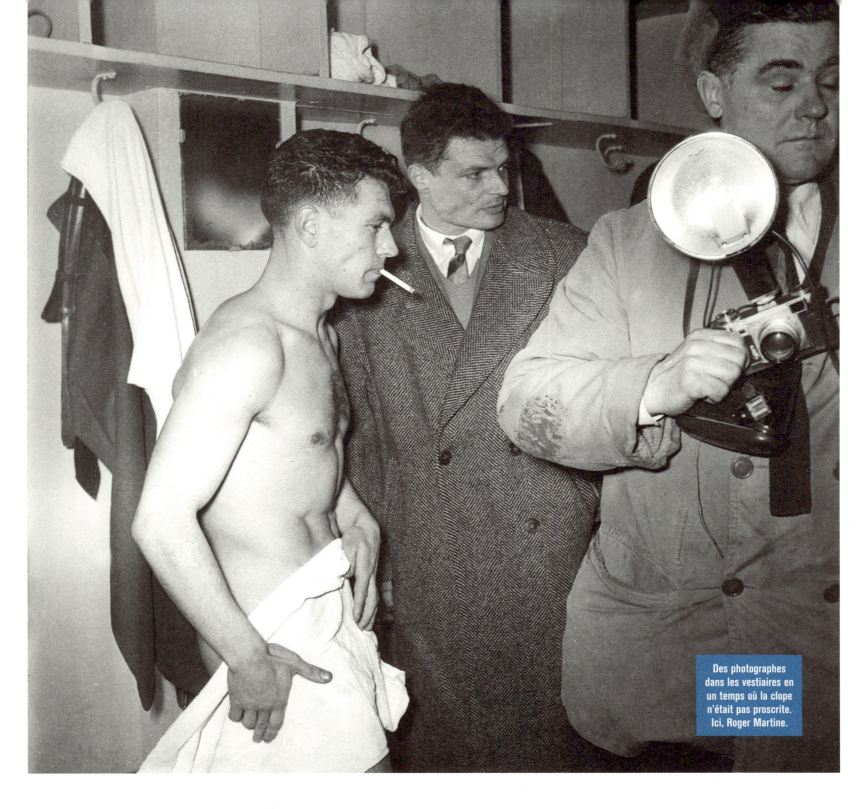

Des photographes dans les vestiaires en un temps où la clope n'était pas proscrite. Ici, Roger Martine.

Un banc où va poser une équipe. Les photographes sont prêts.

Des hymnes, une équipe, des journalistes.

Jean Prat lisant La Dépêche du Midi.

Des supporters s'enthousiasmant à la lecture de la presse.

Une troisième mi-temps entre Dacquois et Montois et au centre, proche du bar, frappant des mains, l'écrivain Antoine Blondin, pour quelques « verres de contact »…

Un parking, des voitures et un déjeuner sur l'herbe pour la bonne société anglaise.

Twickenham version française. On ne lésine pas sur la nourriture.

Convivialité et agapes. L'un va souvent de pair avec l'autre.

Les avant-matchs de Twickenham

Longtemps, je me suis levé de bonne heure. Pour ne rien manquer des avant-matchs de Twickenham, les jours de Tournoi, ne rien sacrifier de cette ferveur toute particulière qui entourait, dès la fin de la matinée, les alentours du Temple, où se pressaient, par centaines, les voitures les plus chics de Londres : Rolls, Chevrolet, Jaguar… Les femmes les plus souriantes aux bras de gentlemen bardés de tweed et de bonne éducation.

Un déjeuner à Twickenham valait pour sa brièveté comme pour son éclat : on y dégustait les mets les plus fins, on y consommait les vins les plus extravagants à quelques heures seulement d'un match international qui recouvrait, sur-le-champ, sa vraie raison d'être : un beau combat pour la jeunesse, une bonne raison de faire la fête pour le quidam de passage. Il me revient que Denis Lalanne, invité à quelques heures d'un Angleterre-France à goûter un margaux de derrière les fagots, s'exclama, magnifique : « Rauzan-Segla : voilà assurément la meilleure paire de demis de l'après-midi ! » Il me revient encore le souvenir d'un long déjeuner par un samedi froid et ensoleillé de février dans la compagnie juvénile, interlope, amicale, de quelques amis anglais, français et italiens savamment mélangés. La plupart avaient passé la nuit précédente dans le très apprécié Lou Pescadou, restaurant londonien aux fortes senteurs méditerranéennes, tenu par des amis français, à manger, boire et chanter jusqu'à pas d'heure, Jean-Roger Delsaud à la trompette et Michel Palmié dans le rôle du chef d'orchestre. Mais là, dans le chatoiement de ce jardin improvisé, où des petites tables étaient dressées entre les voitures, où des voix s'élevaient dans un désordre coloré, je discutais un long moment avec un homme jeune encore, aux cheveux blancs, frisés sur la nuque, que l'on m'avait présenté la veille comme ayant fait fortune, mais dont le nom m'échappait. Amusé, goguenard, il prétendait aimer le rugby qu'il connaissait peu, préférer le football dans lequel il baignait depuis l'enfance. Dans mon souvenir, il fumait un havane, portait un jean, avait croisé les manches d'un pull qu'il portait sur les épaules par-dessus la veste chaude dont il s'était enveloppé. Il n'évoquait en rien ces milliardaires repus tels que la caricature, souvent, les représente : le verbe riche, un peu tremblé, délicatement snobs, toujours tirés à quatre épingles. J'étais frappé au contraire par la familiarité de son discours et de ses actes, par la gentillesse qu'il dispensait. Je le revis à une ou deux reprises, toujours dans les murs du Pescadou. C'était Robert-Louis Dreyfus, futur patron d'Adidas, futur patron de l'OM.

Autre chose ? Rien de mieux, pendant plus de vingt ans, que des scènes disparates, des instants de bonheur, quand une certaine élégance se mêlait à la bonne humeur ambiante, que le rugby se piquait d'aristocratie.

Le mot vous vrille-t-il les oreilles ? Il faut l'entendre au sens large, mais il se prêtait bien au *noble game*, quand rien ne comptait, avant un match international, une finale de grand chelem, que la joie d'être ensemble, de partager un moment en bonne compagnie. Un vaincu, un vainqueur ? Tout se passait naguère comme si les avant-matchs de Twickenham se moquaient comme d'une guigne de considérations aussi triviales. C'est que l'essentiel était ailleurs. Le jeu n'était qu'un jeu. Ici circulait l'âme du rugby.

Pourquoi conjuguer tout cela au passé ? Parce que les marchands du Temple, peu à peu, se sont emparés des jardins de jadis, réduisant la part dévolue à Monsieur Tout-le-Monde à un pan de terre pas plus gros qu'une cour d'école. Désormais, partenaires et sponsors plantent leur tente à même le carré de verdure et invitent par dizaines des clients de toutes sortes. L'argent devient ostensible. Le mauvais goût généralisé. Nonobstant, la location des Rolls se réduit comme peau de chagrin. Les matchs, paraît-il, y gagnent en importance. C'est tout le rugby qu'on assassine…

Jo Maso, le prince de l'attaque française, esquivant de façon magistrale le Briviste Alain Marot.

LE CULTE DE L'ESTHÉTIQUE

Tout cela ne s'explique pas. Ou à peine. C'est affaire de goût, de sensation, d'émotion. Affaire de « style », comme on dit en littérature pour exprimer les proses coruscantes, électriques, poétiques, une certaine jubilation de la phrase qui donne pour les amoureux de la chose du ton aux textes. Le culte du beau. Un vertige des sens. En rugby, cela se traduit par une certaine façon de se tenir droit, de cultiver le geste gracile, la pose avantageuse. Plus esthétique qu'efficace, plaident les détracteurs de la chose, qui ne savent pas qu'un poème, une musique, un tableau, une course incurvée, redressée, une passe au cordeau effectuée dans le temps juste, selon une gestuelle parfaite, dans le sillage d'une action montée de toute pièce, peuvent émouvoir aux larmes. L'art est-il efficace ? Quelle question absurde ! Alors quoi ! Plutôt danse classique qu'allure théâtrale ? C'est qu'il ne suffit pas, en rugby comme en littérature, de prendre la pose, encore faut-il courir ! Il n'y a pourtant pas d'enseignement à cela autre que le goût, l'identification aux aînés, l'admiration où nous tient, dès l'enfance, l'attitude suave, symbolique, de tel joueur sitôt vue, aussitôt adoptée. C'est une grâce qui se transmet de génération en génération, que l'on a vue à de nombreux trois-quarts centre, de Jean Dauger à André Boniface, de Jo Maso à Jean Trillo, de Patrick Nadal à François Sangali, de Didier Codorniou à Christian Belascain ; à quelques arrières, de Pierre Villepreux à Jean-Michel Aguirre et Jean-Luc Sadourny ; à une poignée d'ouvreurs, de Jean Gachassin à Jean-Louis Bérot, via Christophe Deylaud, Alain Penaud et que l'on retrouve aujourd'hui chez Dan Carter, Juan-Martin Hernandez, Maxime Mermoz. Ils ne sont jamais, au vrai, qu'une infime minorité à avoir cultivé – regard droit, buste haut, épaules en arrière, fluidité du geste – cette forme d'élégance dans la course et le geste. Longtemps, j'ai d'ailleurs cru « la caste » en péril. Le rugby actuel avec ses auto-tamponneuses, ses athlètes « body-musclés », son vertige du rentre dedans, me semblait à jamais éloigné de ces allures romantiques : cheveux dans le vent, jeunesse étincelante…

Pourtant, quiconque n'a jamais ressenti l'émotion que procure cet instantané de gestes en regardant un aîné jouer ne l'apprendra pas. Les vertueux se voilent la face devant ce qu'ils doivent considérer comme un éclat narcissique. Les pragmatiques détournent le regard. Un homme, selon leur religion, a mieux à faire que de gonfler des baudruches, soigner ces caprices de songes et de vent. Aucune houle ne leur bouscule le cœur. Aucune évidence. Il m'arrive de les plaindre…

Fabien Galthié s'arrache aux griffes de la défense béglaise. Le style c'est l'homme.

David Aucagne signe ici une superbe passe aérienne.

Jo Maso cingle dans la défense écossaise, buste droit, tête haute.
Ou quand le beau a partie lié avec l'efficacité.

Un service parfait de Didier Codorniou.

Richard Astre dans ses œuvres.

La mi-temps sur le stade

Longtemps, la mi-temps de rugby ne dura que cinq minutes. Il fallut l'arrivée des sponsors, des images publicitaires sur les écrans de télévision pour que le législateur accepte de prolonger de dix minutes, sous la sommation des annonceurs et de la télé, cet espace-temps consenti au repos des braves.

C'est que jusqu'alors, il n'était nullement question de quitter le terrain pour cinq petites minutes de répit. Les éducateurs vitupéraient contre cette mode qui voyait footballeurs et treizistes regagner les vestiaires. « Le corps se refroidit. On perd le rythme », professaient-ils. Et puis quoi ! Le rugby appartenait aux joueurs et on se gardait bien de croire qu'un homme, aussi illustre soit-il, puisse, en quelques phrases, changer le cours des choses. L'ère des coachs tout puissants, du rugby mis en équation, n'était pas encore née. Un entraîneur sur trois était d'ailleurs capitaine de son équipe et le jeu appartenait aux joueurs. C'est si vrai qu'il fallut attendre 1975 pour voir, de manière continue, un homme au chevet du XV de France. Le premier avait été Jean Prat qui, dès 1964, avait porté les Bleus vers le sens du sacrifice et cette rigueur lourdaise qui était sa seconde peau. Mais n'étant pas en odeur de sainteté auprès des barons fédéraux de l'époque, il fut remercié trois ans plus tard, sans être jamais remplacé, sinon par Fernand Cazenave et Michel Celaya durant les seules tournées d'été, par « Toto » Desclaux en... 1975.

Joueur – modeste joueur, mais joueur quand même –, je prenais le temps de m'asseoir pour manger la moitié de citron ou d'orange qu'on nous offrait avec des grâces de garçon de café à la terrasse d'un bar. Pour trois minutes au moins, nous étions importants, ou cultivions l'illusion de l'être... Bouffer des citrons relevait, paraît-il, d'une stupidité sans nom. L'acide du citron s'ajoutant à l'acide procuré par l'effort physique, on obtenait, en nous alimentant de la sorte, l'effet inverse de celui espéré. Mais comme tout le monde faisait de même... Je m'asseyais pour imiter les Biterrois de Barrière, lequel avait décrété à juste titre « que l'on récupérait mieux assis que debout ».

Mais la plupart des joueurs restaient debout, en rond, durant ce court laps de temps, à écouter la harangue d'un entraîneur qui en faisait toujours trop dans l'ordre de la révolte, de l'appel au combat. Cette façon de faire, primaire, vaguement ridicule, un rien tape-à-l'œil, avait pour avantage d'évacuer du discours toutes notions tactiques, stratégiques, pédagogiques, autrement difficiles à formuler. Je revois l'un de mes coachs me dire, la bave aux lèvres, après avoir pris à partie deux ou trois autres avants sur un thème identique : « Jacques, plus vaillant encore, plus vaillant »... Avec ça, on s'en doute, j'étais armé d'un bagage incomparable, d'un sens tactique aiguisé, d'un savoir-faire à nul autre pareil...

Écrivant cela, je suis frappé de constater à quel point la vindicte rugbystique a longtemps emprunté à la militaire. Au prétexte que le rugby est un sport de combat, les entraîneurs de ce jeu en ont toujours fait des tonnes dans l'expression parlée, ou plutôt hurlée. Toute préparation d'avant-match était supposée déboucher, tôt ou tard, sur un emportement verbal du coach afin de stimuler les consciences endormies. On ne parlait pas, on aboyait, on n'expliquait pas, on tançait, on n'élaborait pas, on vociférait. Cela ajoutait de la tension au stress, de la bêtise au courage. Il est permis de croire que le milieu s'en accoutumait assez bien.

Alors, la mi-temps ? Rien ne s'y passait, ou presque rien. L'occasion, dans les stades de mon enfance, d'apercevoir une fois l'an, dans les tribunes, la jeune fille qui vous labourait le cœur. Les jours de vent et de doute, quand l'adversaire, chez lui, était trop coriace et qu'il pleuvait des hallebardes de bouffes, un réflexe sécuritaire pouvait vous laisser croire que les choses n'en resteraient pas là, que le cours du jeu allait changer comme on opérait dans un autre camp. Rien ne changeait bien sûr, ou si rarement. Les jours d'automne, à Saint-Gaudens, quand la lumière déjà basse tombait des Pyrénées, je me souviens que la mi-temps correspondait à l'avancée ombreuse d'une des deux tribunes sur l'herbe verte du stade. J'aurais pu donner l'heure à l'arbitre. Notre jeune arrière qui, sur les terrains détrempés de l'arrière-saison, évoquait à l'œil quelque sculpture squelettique de Giacometti, en tirait une morale particulière où la lumière tombante du deuxième acte devait impérativement éblouir l'arrière adverse. Je ne sais pourquoi, dans mon souvenir, un feu brûlait presque toujours à quelques encablures à peine du terrain d'où monte toujours, pour moi seul, quelque trente ans plus tard, une odoriférante fumée de bois sec et de feuilles.

Les joueurs du Stade toulousain à la mi-temps de leur finale contre Agen en 1986.

Un seau, juste pour se mouiller le visage. Ne buvez pas !

Et des citrons pour la forme…

Les joueurs de Vichy auprès de Zézé Dufau.

Guy Basquet et Jean Prat, un jour d'hiver à Colombes.

Marcel Puget « aux citrons », comme le voulait la familière expression de l'époque.

NE BUVEZ PAS !

C'est Raoul Barrière, le mythique entraîneur biterrois des années 1970 qui, le premier, un jour d'été 1978, me dit dans les parfums de ciste et de garrigue de sa maison de vacances de Valras où il avait eu la gentillesse de nous recevoir, mon cousin Guy et moi : « Mais c'est ridicule de ne pas boire pendant les matchs ! Il faut boire au contraire. Le corps a besoin d'eau. »
J'avais quel âge ? Dix-huit, dix-neuf ans ? La veille, troisième ligne de l'équipe de Montréjeau, dans ce qui était alors la deuxième division d'un rugby exclusivement amateur, j'avais essuyé les foudres de « Momo » Mauriès, mon partenaire de deuxième ligne, comme j'espérais pouvoir me désaltérer à la mi-temps. « Surtout ne bois pas ! m'avait-il intimé.
– Et pourquoi donc ?
– C'est très mauvais...
– Ah bon !
– Ouais... Tu peux te mettre un peu d'eau dans la bouche, mais il faut la recracher aussitôt... »
Et comme un imbécile j'avais obtempéré ! Que ne m'étais-je souvenu de l'enfant que j'avais été, jouant des après-midi entiers et buvant à intervalles réguliers, penché sous le vieux et très bas robinet d'eau du stade de l'avenue de l'Isle, à Saint-Gaudens (il était là, en réalité, pour laver à grands jets les chaussures à crampons noircies de boue avant de regagner les vestiaires), allongé, un bras en avant pour me retenir au mur, dans l'exacte position d'un pilier de mêlée, le cou légèrement dévissé pour y récupérer l'eau comme on passe sous son adversaire. Les jours de chaleur, mes copains et moi y buvions des litres ! Mais mon vieux Momo, qui avait longtemps joué en première division sous les couleurs de Graulhet, qui était de dix années au moins mon aîné et figurait la sagesse paternelle, ne faisait là que me rapporter un usage solidement établi, jamais avéré, mais qui tenait depuis des lustres. Il ne fallait pas boire !
Précis, douloureux, le souvenir de ce match me hante encore. J'avais très peu bu de la matinée – un verre peut-être durant le déjeuner de l'équipe, le café d'après-repas – quand une chaleur lourde et pourtant sèche s'empara du décor. L'air tremblait sur ce stade bucolique où un amour de jeunesse était venu me voir jouer... Mon regard glissait-il vers les travées où la jeune fille s'était assise ? Je revois mon partenaire de troisième ligne – de la bave, au sens propre, occupait la commissure de ses lèvres. Nous cherchions l'air. Le jeu ne nous concernait plus, ou seulement par intervalles. À la lettre, on crevait de soif !

One cup of tea, sir ?

Jean-Pierre Rives en sang tente de s'interposer entre deux Gallois. On reconnaît Gérald Martinez, Graham Price et Pierre Dospital.

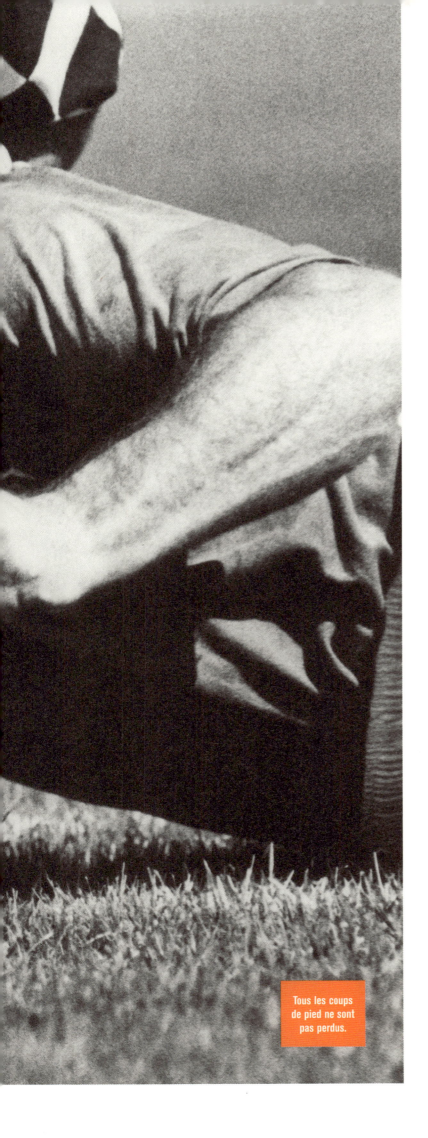

Tous les coups de pied ne sont pas perdus.

EN AVOIR OU PAS !

J'avais quoi ? Dix-sept ans à peine et disputais, à Rivesaltes, au cœur du magnifique pays catalan, l'un de mes premiers matchs en équipe première du Stade saint-gaudinois. Ce n'était jamais facile de jouer dans ce pays de pierres sèches et dans ce qui était la troisième division de l'époque, où les regards étaient noirs, le public agressif et les coups innombrables. « Ne saute pas ! » m'intima mon voisin de troisième ligne sur la première touche du match. Des cheveux blancs éclaircissaient une courte chevelure de jais et je jugeais, au premier regard, en comptant vite et en lui prêtant un âge, qu'il aurait pu être mon père. Ne pas sauter, pourtant, je n'y tenais guère. C'était même ma vraie force que de savoir sauter en fond de touche. En foi de quoi, je reçus un coup de poing en pleine gueule sur la deuxième touche du match que je m'accaparais, dont l'éclat me fascine encore.

Quelques minutes auparavant dans le chaudron des vestiaires, « Coque d'œuf », notre talonneur, qui lui, je le savais, avait dix-huit ans de plus que moi, venait de s'adresser à ses piliers en leur disant, solennel, laconique, chef de meute : « Je vais vous tester sur la première mêlée. » Un silence approbateur semblait émaner du visage des deux piliers en question, appelés une nouvelle fois, ils ne le savaient que trop, à se dépasser dans la souffrance et le sacrifice. Du rugby comme religion. Mais que voulait dire Coque d'œuf ? J'avais beau chercher, je ne comprenais pas.

Les Niçois Ballatore, Bernard Herrero et Charpentier, face aux Agenais Bénésis, Plantefol et Sole. Gaffe ta gueule à la récré…

Je fus vite dessillé ! Sur la première mêlée et alors que je cherchais le positionnement de l'ouvreur adverse sur lequel je comptais « monter » défensivement, je reçus à la volée, sans y comprendre rien, un grand coup de pied sur l'avant-bras. Le temps de lever les yeux, de sortir de l'ahurissement où ce coup m'avait laissé et je prenais conscience de la bagarre qui éclatait autour de moi. Ah, pour le coup, Coque d'œuf avait bien testé ses piliers ! Et le test, je ne le comprenais que trop, était, sur la première mêlée, de « relever » celle-ci à grands coups de pied pour aussitôt, cri à l'appui, tomber de tout son long, afin de feindre l'agression adverse. C'était devenu, chez lui, une spécialité dont on faisait grand cas, le soir autour d'un verre, et qui lui valait une forte réputation régionale. Ce que notre talonneur attendait en définitive de ses piliers, c'est qu'ils se battent, feignant de venir à son secours et montrent de la sorte à l'adversaire, toujours surpris, la détermination qui nous habitait. Quant à lui, s'il tombait, c'était bien sûr pour tromper la vigilance de l'arbitre, lui laisser croire qu'il était l'agressé et non l'agresseur et récupérer ainsi une pénalité, ce qu'il obtenait quasiment à chacune de ses tentatives. C'est que Coque d'œuf, à ce petit jeu, était de première force. Après avoir agressé son adversaire d'un maître coup de pied dès la mise en mêlée, il se relevait dans un hurlement pour tomber aussitôt de tout son long en arrière, raide comme un mort, les yeux révulsés, de la bave aux lèvres… Quel comédien ! C'est que l'exercice était périlleux, mais il y excellait et aurait soulevé, se faisant, la compassion de n'importe quel arbitre au monde.

On voit par là que le rugby de papa était tout sauf tendre et laissait percer des tempéraments hors norme, dont le comportement, d'une jobardise parfaite, se répétait à l'envi sur tous les stades de France. Je pourrais nommer de mémoire dix joueurs dont le seul mérite, si j'ose dire, était d'agresser sauvagement leurs adversaires, par des méthodes qui rétrospectivement me font honte, situent la sauvagerie du moment, mais qui étaient, je le répète, monnaie finalement courante dans les années 1970. Ainsi arrivait-il que l'on « chausse » son adversaire – ce qui, au sens propre, voulait dire qu'on l'abatte d'un coup de pied au sol. Ainsi mettait-on « des boîtes » à des rivaux trop prégnants. Ce qui, à la lettre, voulait dire qu'on les agressait à coups de poing, de tronche, de pied.

Comportement de voyous ? Comportement de crétins patentés ? C'est une évidence. Mais pareille absurdité, aux confins du défoulement et d'une fierté toute masculine, faisait la joie de nos dimanches. Parce que ces dingues absolus passaient pour les guerriers de circonstance, les justiciers au long cours et soulevaient l'admiration des foules. L'étaient-ils vraiment ? Et dingues et guerriers ? On ne le saura jamais. J'ai vu des baudruches se dégonfler et, mues par la peur, asséner des coups innombrables. J'ai vu des pères de famille, des hommes infiniment respectables devenir littéralement fous dès qu'ils enfilaient un maillot de rugby. J'ai vu des peureux présumés se montrer d'un courage inouï et réciproquement des hommes matures, posés, des « papas de nos packs » fuir aux premières escarmouches. Si le rugby est une psychanalyse, comme l'affirme Marcel Rufo, c'est ici, naturellement, qu'il convient de commencer à s'allonger…

Oh, bien sûr, le jeu ne se limitait pas à ses attaques en règle. Même dans les matchs les plus fous, il arrivait qu'une rose pousse sur un tas de fumier et donne à la partie, par la grâce d'un geste, le port d'une course, la fluidité d'un mouvement, une autre idée du jeu.

Le rugby actuel souffre-t-il toujours des mêmes maux ? Il arrive encore qu'une rencontre dégénère, que « la bêtise au front de taureau » supplante toutes les tactiques en vogue, mais rien de comparable, et c'est tant mieux, ne semble devoir enlaidir les week-ends actuels. La question, pour les hommes de mon âge, serait alors de savoir pourquoi nous avons aimé ce sport si violent, si absurde parfois, d'une passion dévorante ? D'où vient que l'on ait ri aux images d'un Toulon-Bègles/Bordeaux d'une bêtise parfaite ? Que les bagarres soulèvent dans les tribunes un intérêt aussi vif, des pulsions aussi singulières ? Que rien ne nous tienne en éveil, le soir venu, comme ces histoires de coups défendus, où la peur le dispute au courage, la bravoure à la lâcheté ?

Walter Spanghero : « Si je n'avais pas eu le nez, je le prenais en pleine gueule… »

L'HUMOUR AU SERVICE DU JEU

Des rires ? Des reparties ? Il me semble que le rugby auquel j'ai joué n'était fait que de ça. Il me revient parfois, au souvenir d'un ami, en arpentant les rues de Saint-Gaudens où je ne m'attarde plus souvent, mais où les murs me parlent d'une adolescence prolongée, des anecdotes qui, à plus de cinquante ans, me tordent encore de rire. Les livres consacrés au jeu de rugby sont pleins de jeux de mots, de répliques cinglantes ou amusées, qui firent mon bonheur. Mais si le rugby est un monde, ou un art de vivre, c'est selon, l'humour y est pour beaucoup. On a tous en tête, la fameuse repartie de Walter Spanghero s'exclamant après avoir pris une belle poire : « Si je n'avais pas eu le nez, je la prenais en pleine gueule… » Celle, désarmante, de Jean-Pierre Rives, le visage en sang sur un terrain sud-africain, prié par l'arbitre de sortir et rétorquant, impavide, illuminé comme il savait l'être : « Sortir ? Mais pour aller où ? » On se souvient encore de ce bon mot de Serge Simon à l'adresse de son rival catalan en partance pour une tournée d'été avec le XV de France, en pleine finale du championnat et alors que la mêlée parisienne emportait sa rivale sur plusieurs mètres : « Tu as fait tes valises ? Si tu le souhaites, on te dépose chez toi… » Je paierais pour pouvoir sortir une phrase de ce cru.

Là encore, épargnons-nous tout ridicule, mais la société de mon enfance favorisait, me semble-t-il, autrement les rodomontades de la part de joueurs il est vrai amateurs, par opposition au monde actuel d'une austérité jésuitique. Je me souviens, à cet égard, façon Perec, du sourire de Jean-Claude Rossignol, deuxième ligne de Tulle, croisant la route de Bernard Viviès, ouvreur et buteur d'Agen – lequel venait de rater une pénalité vingt-deux mètres face aux poteaux – et lui signifiant : « Ne te prends pas la tête mon p'tit Bernard. Les pénalités, c'est comme les histoires. Les plus courtes sont toujours les meilleures... » Je me souviens de Jean-Étienne Bernard et Jacques Descoins, deux copains du Stade saint-gaudinois, improvisant un sketch mémorable à l'occasion d'une minute de silence. L'arbitre ayant sifflé la fin du recueillement, Jacques resta figé dans sa position initiale. Voyant cela, Jean-Étienne courut après l'arbitre et improvisa : « Mon ami est sourd, il n'a pas entendu. » Aussitôt l'arbitre s'empressa de revenir sur ses pas. Se prit-il d'affection pour ce trois-quarts centre malentendant ? Toujours est-il qu'il s'ingénia, gestes à l'appui, mais avec une empathie manifeste, à signifier à notre ami que c'en était fini de la minute de silence et que le jeu pouvait reprendre. Imagine-t-on la tête des quatorze comparses ? Je me souviens d'un match de sélection que j'avais disputé avec les meilleurs juniors français du moment, sur le Stadium toulousain, et auquel mon frère et deux ou trois copains de Saint-Gaudens étaient venus assister. L'un d'eux, Max, dont je parle par ailleurs, au cours d'une troisième mi-temps rondement menée dans un bar de la Ville rose, affirma être dirigeant du Stade saint-gaudinois et proposa à son voisin de comptoir (solide gaillard d'une vingtaine d'années qui prétendait jouer dans l'équipe de rugby des Galeries Lafayette...) une boucherie dans le centre-ville de la capitale commingeoise pour peu qu'il consente à signer. Le bougre, qui n'en revenait évidemment pas, ne jurait que par un emploi d'apprenti boucher. Pour le convaincre de ses intentions, Max sortit son carnet de chèques et de mémoire inscrivit dessus une somme faramineuse. L'ambiance battait son plein et le délire avait envahi les consciences. Le sketch, que j'assure désopilant, dura des heures, parce que ce ne fut évidemment pas une mince affaire que de récupérer le chèque...

Je me souviens encore de Momo Mauriès, deuxième ligne de Montrejeau, poussant un rival sur une touche, lequel, vexé, se vengea aussitôt d'un maître coup de poing. Pénalité pour Montrejeau et trois points pour l'ouvreur commingeois. Sur la touche suivante, Momo se rapprochait de son agresseur et, pince-sans-rire, presque indifférent, lui glissait à l'oreille : « Pour trois points de plus, tu ne veux pas m'en mettre un autre ? »

Avec, pour conclure, cette petite dernière que racontait Adolphe Jaureguy dans un livre formidable et oublié, préfacé par Jean Giraudoux (qui fut lui-même demi d'ouverture d'une équipe où jouaient Gaston Gallimard, Jacques Rivière et Alain-Fournier). L'histoire se passait sur le terrain de Pomerac, village d'Armagnac-Bigorre, où le match chauffait, où chaque mêlée donnait lieu à un pugilat entre le pack local et son robuste rival de Taberousse. Rostagnol, pilier de Pomerac, fut soudainement pris en flagrant délit de coup défendu par l'arbitre et se fit vertement sermonner.

« Rostagnol, je vous préviens, si vous récidivez, je vous expulse !
– M'expulser ? M'expulser ? Mais il est à moi, monsieur, le terrain... »

Des anecdotes de cette eau, des reparties semblables, les hommes de mon âge en ont plein leur sac de sport. Devrais-je l'avouer ? Elles ne font pas rire ma femme (n'étaient, peut-être, les très bons mots : Rives, Spanghero, etc.) et ne suscitent pas de manière générale l'hilarité des filles que l'humour guerrier – buste haut, parole forte, tension du jarret – indispose. Avec elles, les formules souveraines, les trouvailles busquées de nos pairs, tombent comme un malentendu. On est là, peut-être, en plein univers masculin. Je n'ai jamais vu, du reste, aucune femme traîner dans ces réunions improvisées, ces fins de repas arrosés, où les hommes s'adonnent à ces conversations secrètes, irrésistibles pour l'enfant que j'étais. Ici, l'humour de potache le dispute aux vertus guerrières que nous aurions tous aimé posséder, de l'héroïsme se lève, des rires éclatent. Il arrive que la passion du jeu s'en mêle et que des histoires drôles, la conversation, de nouveau, roule sur la technique des postes. Les affinités alors se resserrent. Des hommes se lèvent et quittent la table que tout ce bric-à-brac technico-tactique indiffère. Bientôt, ils ne sont plus que trois ou quatre à égrener, sans fin, des histoires anciennes. Un alcool fort et un havane se prêtent bien à ces fins de soirée où le rugby n'est jamais qu'un prétexte aux hommes : à rire, à boire et fumer, à dire dans l'enveloppe de la nuit ce qu'ils n'oseraient pas avouer le jour. J'ai vu de la sorte mille et une conversations passer des plaisanteries de tel ou tel joueur et du secret « de la tête de pont dans un maul pénétrant », aux grands sujets : l'amour, la mort, la peur de vieillir, la solitude... Le rugby, comme le journalisme, mène à tout à condition d'en sortir.

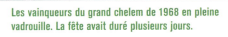
Les vainqueurs du grand chelem de 1968 en pleine vadrouille. La fête avait duré plusieurs jours.

Walter, toujours, personnage mythique de ce jeu.

On sait rester jeunes…

Henri Marracq - ici entre Ailleres et Lacaze - à l'entraînement. Jacques Verdier, enfant, en avait fait son idole.

« Être le plus courageux, le plus noble dans la douleur. »

Le rugby de Jean-Pierre Rives et des Barbarians s'offrait aux jeunes enfants.

SI PRÈS, À LES TOUCHER

Longtemps, durant les matchs de nos aînés, nous jouions, mes copains et moi, derrière l'en-but. Là, à quelques mètres de nos idoles, presque parmi eux, si près qu'on aurait pu les toucher… Un risque ? On évitait de se trouver derrière les poteaux au moment où l'équipe attaquante arrivait vers nous. Mais sitôt les joueurs repartis vers l'en-but adverse, la vie recommençait pleine de rebondissements et d'imprévus. Je garde de ces matchs improvisés de la petite enfance, qui nous valaient, de loin en loin, les applaudissements ou les hourras d'encouragement de quelques spectateurs quittant, pour quelques secondes, le match officiel pour la rencontre officieuse, un sentiment gonflé d'orgueil. Jamais l'accès à l'en-but ne nous fut interdit. Jamais. Il passait même dans le regard des dirigeants d'alors comme une ombre de fierté que ne partageaient pas, en revanche, nos mères respectives, déçues ou furieuses, de nous voir rentrer crottés, quelques heures plus tard, de la tête aux pieds. Mais pour les hommes, tous ces jeunes, épris de rugby, n'étaient-ils pas les joueurs de demain ?

Nous étions, au plus, une dizaine de gosses, tirés à quatre épingles comme on savait l'être le dimanche, dans les années 1960, au cœur de nos provinces. Mais rien ne résistait à cette envie qui était la nôtre de nous mesurer, d'imiter les grands, de jouer à moi je suis untel et toi tel autre.

Notre match terminé, nous ne quittions plus le bord de la pelouse où le contact, la proximité des entraîneurs, dirigeants, soigneurs, composait un enrichissement irremplaçable. C'est là qu'un jour de 1965 j'ai vu Henri Marracq se fracturer le bras, à deux mètres de moi, sur un plaquage. Gisant, allongé de tout son long à un mètre de nous, hurlant de douleur, le front ceint d'un bandeau, les manches du maillot remontées sur l'avant-bras, les veines saillantes, des larmes affluaient sur ses joues…

Aussitôt, Fernand Soubie, le président du Racing Club saint-gaudinois, se pencha sur lui et s'écria : « Non mais tu ne vas quand même pas pleurer comme une fille… » Pleurer comme une fille… La libération de la femme n'avait pas fait son œuvre, mais Henri se tut, reflua ses larmes, se mordit la lèvre.

Être un homme, on l'a bien compris, c'était cela et rien d'autre. Être le meilleur possible sur les terrains et – comme André Herrero, en 1971, lors de la finale Toulon-Béziers, christ en croix évacué sur une civière, comme Henri Marracq, ce jour-là – le plus courageux, le plus noble dans la douleur. En moi, la dramaturgie du moment se doublait de romantisme. Je découvrais un monde où le spectacle était dans le pré, où le sacré n'appartenait plus à l'église, où la poésie était sans texte, le courage sans tapage, l'honneur sans militaire, la musique sans instrument. Un monde où le jeu de rugby autorisait les hommes à s'élever et à dépasser leur condition de simple anonyme. Un jeu où l'on jouait à mourir et à revivre.

Ah ! on allait m'y reprendre. Et plutôt deux fois qu'une. Parce que si rien n'était formulé de la sorte, à dix ans, tout était barbelé en moi comme une prière inédite.

Le droit de l'enfance.

Cantoni marque. Le public est là. Le rugby n'a jamais connu l'hooliganisme.

PROXIMITÉ

Enfant, tous les mercredis soirs, je prenais mon vélo et filais vers le stade de Saint-Gaudens pour y assister à l'entraînement des adultes. Nous étions au tout début des années 1970 et les préados, comme on dit aujourd'hui, avaient une liberté de manœuvre qui échappe un peu, je dois le reconnaître, à l'entendement du père de famille que je suis devenu... De fait, mes copains et moi nous retrouvions vers 18 h 30 (bientôt 19 heures ! les soirs d'hiver, sous le froid, parfois la pluie et cela me semble aujourd'hui incroyable) dans les coursives des vestiaires où les joueurs se mettaient en tenue d'entraînement et égrenaient là, à bâtons rompus, dans le grand tohu-bohu des crampons jetés à même le carrelage des vestiaires, des allées et venues, des apartés divers, leur troisième mi-temps du dimanche précédent, les filles levées au hasard des rencontres, les bringues, la vie... Quelle aubaine pour des gosses ! J'avais treize ans en 1970 et garde de ces voyages initiatiques dans le monde des adultes un souvenir d'une précision extrême. Je pourrais, de mémoire, refaire les gestes et imiter les voix, reproduire, à presque quarante ans de distance, l'exacte conversation qui occupait alors Bertrand Fourcade – dit « Mitou »,

C'était un jeu alors d'approcher ses idoles.

fraîchement sacré champion de France de première division avec le FC Lourdes de Crauste et Gachassin et promu entraîneur du Stade saint-gaudinois en 1969 – et ses joueurs. Debout, en partie caché dans l'embrasure de la porte, tenu par une curiosité sourde, constante, j'écoutais et retenais tout. La vie de ces « grands », leurs aventures, leur physique, la liberté d'expression qui était la leur : tout cela me semblait captivant, admirable et tellement éloigné des cours rasoirs que des enseignants corsetés de principes nous dispensaient à longueur d'année !

Une aubaine ? Ah oui, vraiment ! C'était là – toutes vulgarités et balourdises bues, mais un enfant a vite fait le tri entre tout cela – une plongée formidable dans le monde des adultes, des personnalités diverses, contrastées, terriennes, que l'enfant que j'étais s'appliquait à diversifier. Il me semble que je n'étais dupe de rien. Ni de la bêtise quand elle s'élevait, ni de la diversité des caractères. Jamais écrits mais bel et bien imaginés, mes premiers « portraits » ont vu le jour ici. J'étais d'autant plus sensible à ces raffuts tapageurs, à ces retrouvailles entre hommes, que je venais de perdre mon père deux ans plus tôt et que je puisais là (comme le jeudi après-midi auprès des treizistes d'Henri Marracq, comme dans les après-matchs du dimanche) de bonnes raisons de me construire. C'était là un apprentissage selon mon cœur. Un vrai voyage initiatique : aussi bien sportif qu'existentiel. C'est que je prenais tout avec gourmandise et avidité. Ai-je fait le bon choix ? N'aurais-je pas dû préférer à ce monde du sport, une société plus convenable, au luxe feutré, conforme ? La question ne s'est pas posée, le choix n'était pas permis et à treize ans, même féru de poésie, mes idoles, je le répète, étaient rugbymen.

Chaque fois que j'y songe, que je mesure la chance qui fut la mienne de pouvoir côtoyer les idoles de ma jeunesse, d'effectuer auprès d'eux un apprentissage rugbystique grandeur nature – au point que le lendemain, je faisais refaire à mes partenaires de l'équipe minime l'entraînement initié la veille par Mitou Fourcade –, je déplore que les jeunes rugbymen actuels n'aient plus jamais accès au monde des adultes. Entraînements à huis clos, vestiaires et terrains inaccessibles, joueurs parqués dès la fin des rencontres dans des salons improbables : on a tout cloisonné, tout fermé, pour un résultat qui ne laisse pas de m'interroger.

MILIEU

112

Quand Jean Prat initiait Jacques Anquetil aux joies du rugby…

AGAPES !

J'ai toujours aimé manger, boire, refaire le monde autour d'une table où gravitent quelques amis. Cela peut durer une grande partie de la nuit : si les plats et les alcools sont bons, les amis sincères, la conversation animée, je suis le meilleur client qui soit. Le rugby, pour ça, fut longtemps épatant. Je ne parle pas tant des troisièmes mi-temps, trop souvent excessives, vouées à l'ivresse et aux dommages, que de ces rencontres souvent improvisées entre bons copains. J'ai rapporté ailleurs[1] les soirées qui nous occupaient, à la fin des années 1980, les veilles de match du Tournoi, Daniel Herrero, Jean Trillo et quelques amis redoutables : anciens joueurs, journalistes, écrivains. Le bonheur avait à voir avec le partage, la qualité des mets, la profondeur des vins. On retrouvait cette bonhommie, cette convivialité, naguère, dans les repas d'avant-matchs que dressait, comme un signe de politesse, chaque club accueillant ce que l'on appelait encore « le visiteur ». Pas d'ennemi alors, pas même de rival et encore moins d'adversaire. Les « planchots » de tous les stades pouvaient d'ailleurs en témoigner : Tartemuche : 3 – Visiteur : 0 !

Oh ! je ne voudrais pas, évoquant cela, brosser le tableau de couleurs trop étincelantes. Nonobstant les agapes qui regroupaient les dirigeants des deux équipes, les notables de la ville, les arbitres et très souvent les journalistes, les combats, sur les stades, étaient parfois d'une telle sauvagerie qu'il m'arrive de penser que le jeu dans sa facture actuelle est moins dangereux qu'il ne l'était alors. Pour autant, la qualité des déjeuners d'avant-matchs était telle à une certaine époque et dans certaines contrées que Loys Van Lee[2] se fendit un jour d'un appel en direction de Denis Lalanne[3] accusé d'avoir commis un article trop virulent à l'égard d'un club réputé du Sud-Ouest de la France, en lui signifiant son courroux de la sorte : « Denis, tu nous as coupé la route du foie gras. » L'image est merveilleuse, qui induit le poids des responsabilités journalistiques...

À mon aune, le maître en la matière, l'hôte le plus urbain était Jacques Loterie, président d'Hagetmau – club de première division alors redoutable, situé en plein cœur de la Chalosse, où il n'était jamais facile

---
1. *Chroniques ovales, 20 ans de carnets de bord*, éditions Midi Olympique, 2006.
2. Journaliste de radio et de télévision des années 1960.
3. Journaliste sportif, écrivain, chroniqueur.

Des joueurs tenus de traverser le club-house pour pénétrer dans le stade. Autres temps, autres mœurs...

de gagner –, qui savait recevoir comme personne. Un jour que le photographe de *Midi Olympique* et moi-même étions arrivés en retard à un déjeuner d'avant-match, comme le restaurant où se tenaient dirigeants et arbitres était complet, Jacques, sincèrement désolé, nous pria de nous rendre dans un autre restaurant de son choix auquel il s'empressa de téléphoner. Nous y fûmes reçus comme des ministres. Le déjeuner qu'on nous y servit à l'invitation du président d'Hagetmau était de toute première qualité, comme l'était ce Haut-Marbuzet que nous devions boire et dont je garde, tant d'années après, un souvenir merveilleux.

Mais ces déjeuners servaient aussi à envoyer quelques messages subliminaux aux arbitres : « Vous n'êtes pas sans avoir remarqué, mon cher, que ces Toulonnais (s'il s'agissait des Toulonnais), ces Toulousains (s'il s'agissait des Toulousains) sont systématiquement hors-jeu sur les regroupements… » Bien sûr, le message n'était pas directement adressé à l'arbitre, mais à son voisin de table, lequel, prévenu, en rajoutait aussitôt une couche, de sorte que si tout se passait convenablement, l'équipe visiteuse pouvait s'attendre à un arbitrage sans indulgence dans la phase de jeu réprimandée. Et lorsque je dis « sans indulgence », c'est pour user d'un euphémisme. Deux pénalités bien senties face aux poteaux de but faisaient généralement l'affaire. Au buteur local de savoir en profiter.

Chemin faisant, ces déjeuners étaient une mine d'informations pour les journalistes qui, au contact des présidents de clubs, de nombreux dirigeants, recevaient là, entre la poire et le fromage, des échos de la vie rugbystique dont nous faisions évidemment notre confiture. Les informations, rumeurs, délations, concernaient rarement les deux clubs réunis, mais leurs voisins. Un déjeuner à Bayonne vous apprenait tout sur la vie du Biarritz olympique et réciproquement bien sûr. « Un monde de faux-culs ! » s'écria un jour Jean-Claude Ballatore, devenu président du Rugby Club toulonnais après en avoir été le joueur et l'entraîneur. « Je ne supporte plus ces repas où tout le monde fait semblant. » Entier, sans concession, Jean-Claude, qui était encore trop près du jeu avant les rencontres pour s'intéresser à autre chose, ne pouvait pas apprécier ces rapports policés, ces passes d'armes à fleurets mouchetés, où l'hypocrisie baignait certaines rencontres, mais où se devinait en toile de fond le remugle d'une mini-société qui n'était jamais, *in fine*, que la copie de l'autre.

Au reste, le propos pouvait être autre et recouvrir une profondeur inattendue. C'était le cas ce jour de janvier 1988 où, en compagnie de Roger Etcheto, ancien entraîneur de Bayonne et formidable bonhomme, de Denis Lalanne et d'un ou deux autres confrères (il y avait là, de mémoire, Jef Mézergues, grand reporter à *Sud-Ouest*), nous devions trois heures durant refaire le monde et le jeu avec une rare vélocité. C'était encore le cas à Mont-de-Marsan, en 1985, alors que le Stade montois de Patrick Nadal devait affronter Brive. Denis était encore là et André Boniface chez qui nous devions prendre le digestif à trois heures moins vingt, alors que le match débutait vingt petites minutes plus tard. Mais le profond, l'aigu, l'essentiel étaient là, dans ces échanges, cette conversation à bâtons rompus, qu'un peu de vin rouge bu à midi rendait plus vive encore. Le match ? Un prétexte, un alibi, une conséquence.

Oh, j'ai aussi connu l'expérience massive, passive, de l'ennui qui bientôt prend toute la place ! On voudrait alors être ailleurs, se lover, se carapater, dans l'impossibilité où l'on se trouve d'entendre un mot de plus de l'insupportable raseur qui vous fait face et développe des arguments auxquels vous ne comprenez goutte ou qui sont le juste contraire de ce que vous pensez. La politesse vous somme de rester et de sourire. De donner le change. Ainsi de ce déjeuner à Nîmes, en tête-à-tête ou peu s'en faut avec ce notable nîmois qui ne savait rien du rugby, rien de la corrida, que j'avais voulu faire glisser subrepticement vers le festival d'Avignon, le théâtre et me dit détester cela… Il me parlait de voiture, alors que je n'ai jamais su jusqu'au nom de la mienne. Alors tout un déjeuner à écouter parler de moteur, de vitesse et d'embrayage…

On a bien compris le sens de cet aparté. C'est la vie qui circulait dans ces déjeuners d'avant-matchs qui n'ont plus cours et que je regrette. On me dit que les horaires des rencontres ne s'y prêtent plus. Par quoi j'entends que l'envie d'échanger, de rencontrer, de confronter ses idées, a déserté le milieu.

Pierre Lacaze, Henri Rancoule et Jean Barthe en cuisine…

…et aux fourneaux…

On savait rire, fumer et boire aux temps joyeux du rugby de papa…

LES SOIGNEURS

Le rugby de papa n'avait ni kinés, ni médecins et encore moins d'ostéopathes à sa disposition. On ne s'y blessait pas – je m'amuse – et quand cela arrivait, on assumait du mieux que l'on pouvait. Comme les cow-boys d'autrefois, en serrant les dents et selon des méthodes antédiluviennes où les rebouteux prenaient toute leur part. Ni kinés ni médecins donc, mais le rugby avait ses « soigneurs », personnages le plus souvent truculents, marginaux, inadaptés, que l'on voyait le long des lignes de touche, traînant après eux une armoire à pharmacie en bois qui pesait des tonnes. J'en ai personnellement connu trois : Aristide Galibert fut le premier. Toujours vêtu d'un long tablier blanc comme on en voit aux infirmiers, aux médecins et aux professeurs de chimie, il accompagnait l'équipe treiziste de Saint-Gaudens sur tous ses périples. Une petite moustache à la Clark Gable lui barrait la lèvre supérieure d'où s'exprimaient des propos anodins, comiques, farfelus qui lui valaient les remontrances systématiques des joueurs commingeois, toujours prêts à le rabrouer. Dans mon souvenir, c'est un vieux bonhomme, un peu bougon, inoffensif, qui n'avait des soins à prodiguer qu'une idée très lointaine. Au vrai, c'était la mascotte du club. Celui que l'on amène partout parce qu'il fait partie du décor, rassure et qu'on l'aime bien.

On dirait une scène de cinéma. Une recomposition du rugby cher au baron Pierre de Coubertin.

Comme joueur, j'ai connu « Fine », dont le surnom empruntait comme de juste aux alcools les plus robustes. C'était un masseur formidable à une époque où il ne serait venu à l'idée d'aucun joueur de quémander un massage… Le seul qui acceptait ses services, les faisait durer, était le boute-en-train de l'équipe, le joueur le plus drôle qu'il m'ait été permis de connaître et auquel les mains expertes de Fine procuraient inévitablement des érections qui nous faisaient tordre de rire. Imagine-t-on cela, à une heure d'un match ? Les services de Fine, si j'ose dire tellement le bonhomme échappait à toute ambiguïté, s'arrêtaient avec la mi-temps. Après, il était trop ivre pour traverser le terrain en courant ou porter un seau d'eau. Il s'endormit un jour d'hiver ensoleillé, dans la position assise, sur la boîte à pharmacie du club et fut réveillé en sursaut par la charge d'un deuxième ligne qui, plaqué à quelques mètres de lui, échoua à ses pieds. Comment ne pas rire ? Mais c'était une pâte d'homme qui, du reste, cessa un jour de boire tout de go et qui, à l'heure où j'écris ces lignes, se porte, me dit-on, comme un charme…

Le troisième soigneur que j'ai eu le plaisir de fréquenter était aussi atypique, démonstratif, adorable que les deux premiers. Lui aussi buvait d'abondance et je le revois encore à l'arrêt du car qui nous conduisait, par les petites routes tortueuses de l'Ariège et de l'Aude, vers Perpignan, commander un cognac, à 10 heures du matin, dans le premier bar venu, avec juste ce qu'il faut d'hésitation pour laisser croire à une exception. Il fumait des gauloises brunes et le mélange de l'alcool et du tabac, à 10 heures du matin, après des kilomètres de route sinueuse en autobus, soulevait alentour des haut-le-cœur. Il s'appelait Pujol et je crois ne l'avoir jamais appelé autrement. J'ai parlé de lui dans *L'Automne de Vincent*, dont le personnage, à peine romancé, invitait Vincent, le personnage central du roman, à boire l'apéritif… Il est mort, Pujol, il y a déjà de longues années de cela, et le souvenir de sa gentillesse me laboure le cœur.

Aristide, Fine, Pujol : d'où vient d'ailleurs qu'en pensant à eux tant d'années après, un voile me brouille la vue ?

Le docteur Pène et l'international Paul Biémouret.

C'est rien petit. Juste un sport d'hommes…

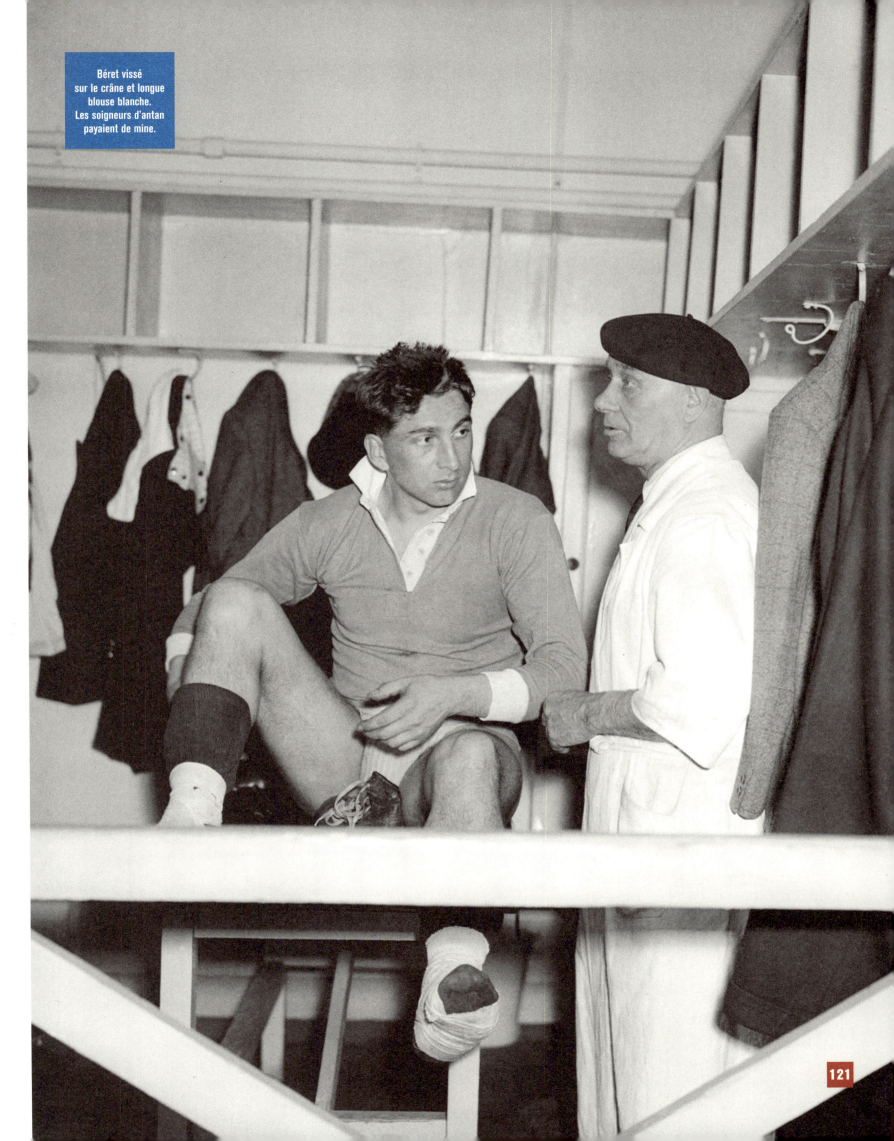

Béret vissé sur le crâne et longue blouse blanche. Les soigneurs d'antan payaient de mine.

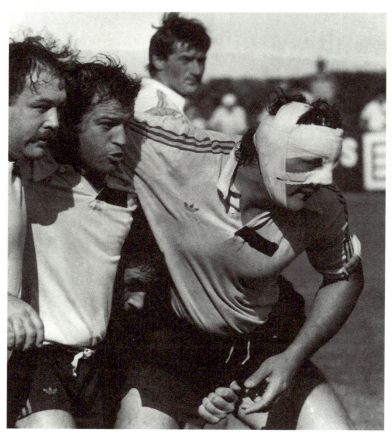

Les avants de Graulhet prêts au combat.

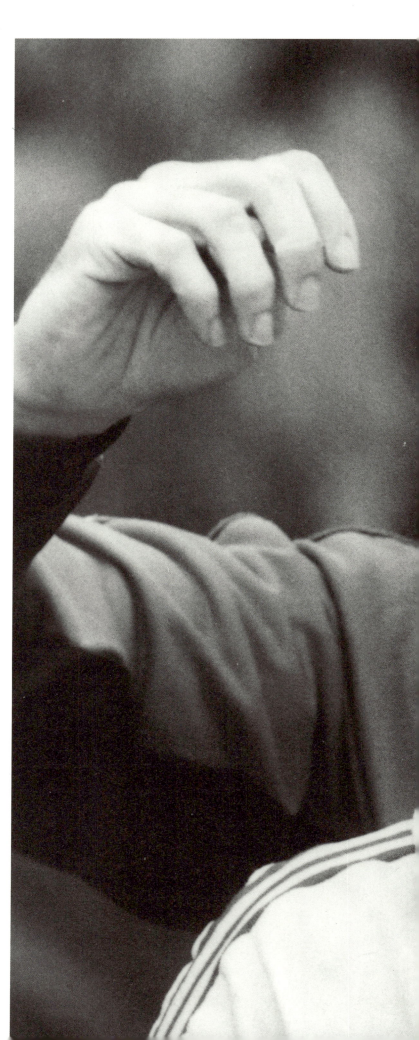

Daniel Santamans, talonneur de Toulouse. Tu verras mieux avec les mains…

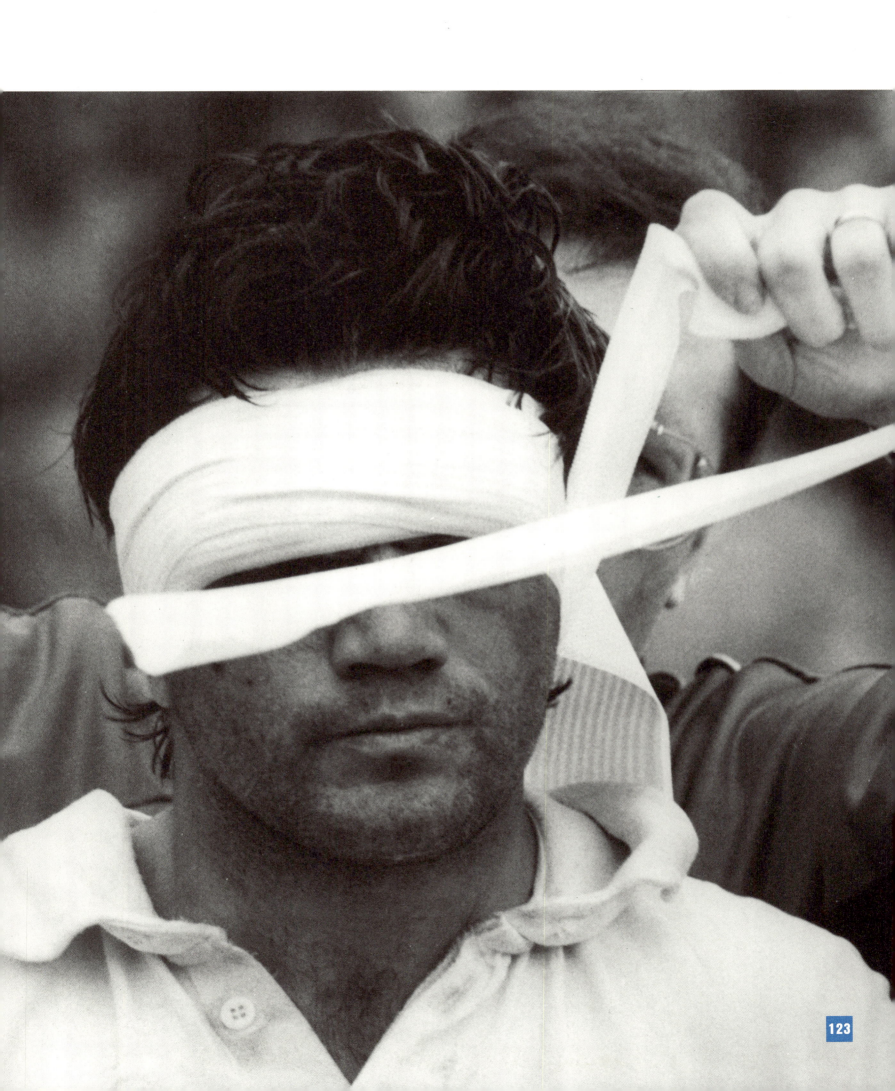

Des supportrices catalanes à la gare de Toulouse dans les années 1950.

Les femmes, mon bon monsieur, ça hurle !

Christian Carrère goûte-t-il aux avances de cette charmante supportrice ?

Les femmes et le rugby

D'où venait-elle ? Et où se rendait-elle ? Immenses, orientaux, oblongs, ses yeux de crépuscule m'intimidaient. Je lui imaginais des origines italiennes – ou espagnoles –, un passé méditerranéen, version latine. Dans le train qui me conduisait de Toulouse à Brive, je l'observais comme à la dérobée, le regard ailleurs, indifférent, l'air absorbé par un songe quelconque. À Montauban, j'osais un mot, une approche où le naturel le disputait à la théâtralité. Le timide, en moi, avait besoin d'artifices pour vaincre sa trouille. Je m'entends lui servir deux reparties empruntées à Trintignant dans *Ma nuit chez Maud*, le beau film de Rohmer, dont l'histoire – modeste, comme on sait chez Rohmer – se déroulait justement à Clermont-Ferrand. Je m'y rendais. Comme moi, elle s'était arrêtée en gare de Brive et venait de monter dans la vieille micheline supposée me mener en Auvergne. Quel match allais-je voir ? Il avait beaucoup neigé sur l'Auvergne et les paysages que nous devions traverser étaient d'une beauté cristalline. La fille, les paysages… Les paysages, la fille… Elle s'appelait Marie-Hélène. Ses cheveux tombaient en pluie sur ses épaules, sa bouche dessinait des lèvres parfaites qu'un long sourire, continu, aimable, prolongeait à satiété. Elle allait skier, rejoindre des amis dans une station dont le nom, aujourd'hui, m'échappe. Je devais aussi lui plaire, puisqu'elle m'invita à l'accompagner, à la suivre. Je m'y refusais. Imbécile ! Le travail… Je ne savais pas encore que le match du lendemain allait être annulé et qu'il me faudrait « redescendre » à Brive, en toute hâte, pour y suivre la rencontre du CAB. Mais là, une vie, peut-être, se jouait. Une vie ? Comme j'y vais…

Marie-Hélène était étudiante à Toulouse. Nous allions nous revoir. Elle me donnait avec un naturel qui me fait le cœur jeune son nom et son adresse. Elle vivait chez ses parents… Je revois la maison, sa chambre… Son aveu, plus tard, en forme d'excuses, selon lequel elle se devait de travailler, de réussir…

Je partis. Longtemps. Le bout du monde, les reportages, mon cul sur la commode… Elle finit par tomber amoureuse… D'un autre. Une colère froide, tournée sur moi-même, empourpra mes traits le jour où elle m'annonça sa rencontre. Comment avais-je pu jouer les indifférents, ne pas forcer les portes, être aussi con ? Comment ? Rien n'aurait plus entre nous le charme fou, ivre d'air, étourdi de beautés, de cette rencontre, un jour d'hiver, dans cette micheline surchauffée que traversaient des paysages de neige, en direction de Clermont-Ferrand. Rien, jamais…

Petite digression amoureuse dans un livre si solennellement consacré au rugby d'autrefois ? Il y a de ça. Sauf à penser que la nostalgie, là encore, creuse son sillon… C'est que je redoute de ne plus jamais retrouver, à chacun de mes déplacements dans le rugby d'aujourd'hui, le sourire piquant et la moue ténébreuse d'une jeune fille superbe accrochée à mon regard comme une charrue à son étoile…

Autre chose : comment dire, sans vulgarité ni mensonge, la part dévolue aux femmes dans le monde du rugby ? Pas une soirée sans qu'il ne soit question d'elles. Pas un match sans qu'un joueur ne se pique de voir, dans les tribunes, la fille de son cœur. Objet de tous les fantasmes, de toutes les convoitises, elles n'en seront pas moins rejetées, méprisées si elles jouent les groupies. Absentes, on leur prête des vertus qui n'ont pas lieu d'être : effacement, intelligence – elle-même liée au désintérêt devant ces soirées d'hommes ; au besoin qui est le leur de faire autre chose d'autrement plus instructif ; à la finesse qui consiste à comprendre que les hommes, parfois, ont besoin de rester entre eux. Tout à la fois célébrées et malmenées par un milieu d'un rare machisme, leur présence-absence évoque, sans qu'il faille s'en enorgueillir, celle de leurs semblables dans les westerns de John Ford ou d'Howard Hawks. Icône ou catin, la femme n'y a pas d'alternative. À la lecture de quoi on pressent mieux la peur ancestrale et la naïveté enfantine des messieurs devant cet être auquel, soyons justes, nous ne comprenions rien à vingt ans. Comme on les aimait, sans doute, et comme, dans le même temps, elles nous étaient étrangères. « J'aimais déjà les étrangères quand j'étais un petit enfant… »

Les choses sont-elles très différentes dans le rugby moderne ? Je redoute de constater le contraire. La société, moins foncièrement phallocrate, de prime abord, a édulcoré certaines coutumes grossières. Il arrive que des femmes soient invitées à des banquets d'après-match. Mais l'incompréhension, je le jurerais, reste la même. En 1988, Guy Basquet, président du SU Agen, avait interdit à ses joueurs de faire suivre leur femme au moindre rassemblement (apéro, repas, réunions diverses) du club. En 2010, aucun président n'oserait prononcer une parole aussi définitive. Le professionnalisme aidant, les mœurs ont évolué. De fait, les groupies sont beaucoup plus nombreuses et apparemment mieux intégrées… Des équipes féminines se sont multipliées qui donnent, en apparence, une image plus fraternelle de la femme, capable enfin de comprendre et de partager la même passion que ces messieurs. L'arrivée de joueurs étrangers (ceux des îles notamment) autorise encore aux mères de famille – souvent suitées de leurs enfants – une représentativité plus importante. Mais sur le fond, quoi de neuf ?

Au moment des larmes et de la désespérance, la femme redevient l'avenir de l'homme…

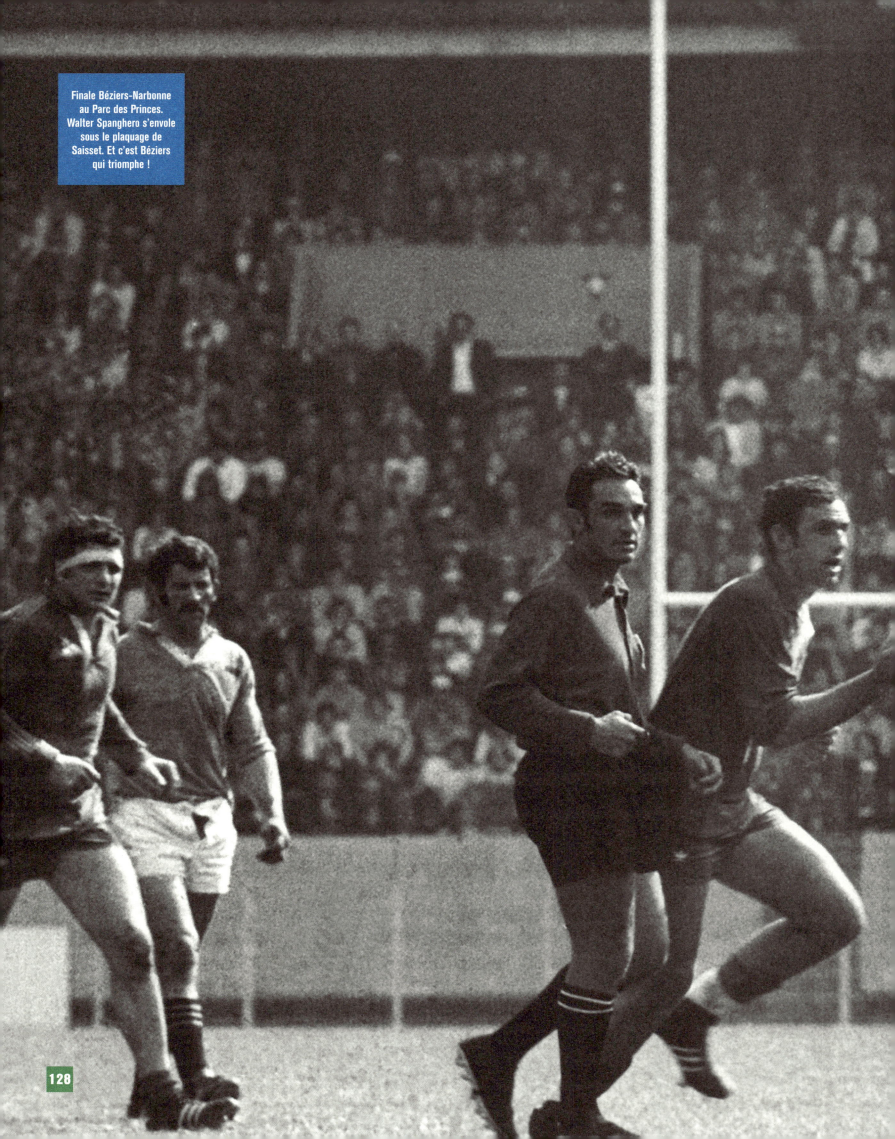

Finale Béziers-Narbonne au Parc des Princes. Walter Spanghero s'envole sous le plaquage de Saisset. Et c'est Béziers qui triomphe !

DERBIES

Rien ne m'avait frappé, enfant, comme ces têtes de mort que des supporters montréjeaulais avaient dessinées sur la route afin d'accueillir, dans l'ambiance festive que l'on pressent, leurs voisins saint-gaudinois (quinze kilomètres séparent les deux petites villes), pour un derby sulfureux, écrasant. Première mêlée relevée, bagarre dans les tribunes, bagarre sur le stade… L'homme soudainement réduit à ses instincts les plus vils, les plus sauvages. Mais justement ! D'où venait cette haine du proche voisin ? D'où vient encore que dans le rugby amateur, à l'heure où des hommes traversent la planète à longueur d'année, où il arrive couramment que l'on vive à Toulouse et que l'on travaille à Paris, des hommes perdent leur sang-froid et baignent dans le plus parfait ridicule pour des affaires de clocher ?

Problème identitaire ? Sans doute. Je suis d'ici et pas d'ailleurs. Mon équipe, c'est ma terre, mes racines, le passé de mes aïeux, mon enfance, etc. Moyennant quoi on franchit vite la frontière stigmatisée par Brassens parlant « des imbéciles heureux qui sont nés quelque part »… Mais n'empêche ! Ce goût de l'appartenance est propre à tous les hommes et s'il ne renvoie pas, Dieu merci, à des bagarres systématiques, continue de peser d'un poids considérable sur les consciences. Je n'explique pas autrement les clivages que provoque encore un Bayonne-Biarritz dans le rugby professionnel. Pour autant, je le jurerais, ce folklore local d'un goût incertain, ces affrontements où nous jetaient les derbies d'autrefois, devraient s'éteindre avec la montée du professionnalisme, le vieillissement d'une population rurale que l'on savait attachée à ses traditions. D'une part – c'est déjà vrai – parce que plus aucun joueur ne joue dans la ville qui l'a vu naître et que nos jeunes gens se moquent comme d'une guigne des agrégats identitaires, problèmes culturels, pistolétades affectives où s'enferment les tenants du jusqu'au-boutisme local. Ensuite, parce que si le jeu, longtemps, fut lui aussi identitaire (on ne jouait pas à Agen comme on joue à Toulon, voir le chapitre « La Terre de nos ancêtres ») et appelait par-delà l'appartenance à une terre, une retenue d'ordre éthique (je défends telle forme de jeu pour des raisons aussi diverses que profuses), tous les rugbys aujourd'hui se ressemblent et ne sauraient décemment susciter des guerres de religion. S'en plaindre ? Non, évidemment que non. Même s'il m'arrive de rire encore, par un troublant paradoxe, aux mises en demeure, au courage inouï, à la démence générale que réclamaient les derbies d'autrefois…

Béziers-Narbonne : chaud le derby, show…

Quand la foule attend ses héros.

Cordier face à Estève. Je t'aime moi non plus.

Le terrain d'entraînement des Bleus au château Ricard.

Les vestiaires reflétaient assez joliment l'idée d'un rugby de bohème.

LE CHÂTEAU RICARD

Grand reporter, supposé suivre l'équipe de France à travers ses pérégrinations, j'ai toujours aimé me rendre au château Ricard de Clairefontaine, au cœur de la forêt de Rambouillet, dans ce département des Yvelines où vivait Aragon. Comme je l'ai cherché « le Moulin » ! Comme je l'avais aimé, sans bien sûr le connaître, à travers les descriptions qu'en fit, dans plusieurs de ses livres, François Nourissier ! Il était là, à deux pas du château des Bleus, dans le village de Saint-Arnoult, au cœur de cette vallée de la Chevreuse parsemée de petits villages en pierre, bordée par de longues étendues boisées, qui ne préfigure en rien le grand Paris voisin. Je n'ai rien aimé à Clairefontaine comme cette idée, tout entière barbelée en moi, d'un univers campagnard, boisé, antédiluvien que renforçaient la présence animale – chevaux dans les prés et les écuries voisines, biches et sangliers aperçus dans les bois alentour – et le silence si j'ose dire parlant des fins de jours. Une humidité frileuse et odoriférante en émanait régulièrement dans les matinées d'hiver – d'autant plus ensorceleuse que je venais, une heure plus tôt, de quitter un Paris pollué, bruyant, éphémère. Le château – propriété de la famille Ricard –, habituellement réservé aux chasses à courre, y accueillit le XV de France durant quasiment deux décennies, du début des années 1980 à la fin du siècle. Mille anecdotes jalonnent son histoire. Certaines salées, impubliables. D'autres, bon enfant, qui virent Imbernon et Palmié, plus tard Garuet, Dintrans et autres soldats de première ligne se rendre dans le domaine des écuries, où se tenaient les gardiens du lieu, pour y manger en cachette du fromage, que Jacques Fouroux interdisait à la consommation courante, et y boire du vin.

Il n'y avait que des rugbymen pour pareillement se noircir le museau les semaines de matchs internationaux. L'épopée de 1977 s'est construite là, chaque mercredi du Tournoi, comme dans les murs du désormais célèbre Enclos de Ninon, au cours de soirées enfumées, brumeuses, propres disait-on à rapprocher les hommes, à créer les connivences indispensables aux exploits que l'on sait.

Le château Ricard était une aubaine pour les journalistes qui pouvaient camper là des journées entières à l'affût de la moindre anecdote, du premier écho venu. Christian Carrère, ancien capitaine du XV de France, qui avait rang de directeur chez Ricard, nous y recevait, comme le fit des années durant Benoît Dauga, autre immense joueur de ce jeu, autre capitaine du XV de France, qui dirigeait le célèbre château.

Et pourtant ! Les chambres étaient petites, les lits étroits. Mais les joueurs du XV de France n'étaient pas hommes, alors, à se plaindre pour si peu.

Le château vu de l'extérieur.

Le salon qui servait de salle vidéo.

La salle à manger.

Le salon, encore, qui servait aussi de salle de soins.

135

Jean Gachassin, au Moulin Rouge, dans les bras de Walter Spanghero. On reconnaît aussi Campaes, Bonal, Lux, Robert. Les troisièmes mi-temps d'alors valaient leur pesant d'arachides…

HÔTELS ET BANQUETS

Mon premier souvenir de banquet, un soir de Tournoi, n'est pas glorieux. J'y revois ce pilier irlandais, roux comme la caricature – comment s'appelait-il déjà ? –, ivre mort sur le tapis du Grand Hôtel, rue de Scribe. Quelques heures auparavant, dans le grand délire où les troisièmes mi-temps du Tournoi jetaient les joueurs de ce jeu, on l'aurait surpris en train de boire un après-rasage de son cru…

Et pourtant ! Les « fameux banquets » d'après-match, pure tradition du rugby amateur, n'empruntaient précisément pas à ce type de bacchanale. Guindés, un peu précieux, sans être tout à fait snobs (ils étaient quelques-uns à le regretter…), les dirigeants de ce jeu n'admettaient pas le moindre écart de conduite, pas plus qu'ils ne pouvaient tolérer une seule présence féminine dans ce rassemblement d'hommes et n'auraient supporté qu'un seul des convives ne soit vêtu du traditionnel smoking et de son nœud papillon. Si le rugby avait valeur éducationnelle et se prêtait plus que tout autre sport aux traditions, c'est encore ici qu'il fallait le voir.

Gentlemen jusqu'au bout des ongles, les joueurs attendaient avec la plus parfaite patience que les sempiternels discours (des présidents, des capitaines), où entraient, indifféremment, le narcissisme des uns et l'indifférence polie des autres, se finissent avant de pouvoir commencer à respirer. Ils duraient pourtant des heures, traductions obligent, les discours d'antan, et semblaient baignés de cette sorte d'onction respectueuse qui nous parlait tout à la fois d'hypocrisie manifeste et de comédie sociale.

Mais les hôtels étaient beaux, les salons luxueux. Il était permis d'en aimer l'allure, le culminant, le fortifié, les tableaux aux murs, les tapis, les fières cheminées, les toits hérissés de clochetons. Je ne ris pas. Je ne me moque pas. Combien de paysans français, de mineurs gallois, de fermier néo-zélandais, ont dû, sous les lambris du Grand Hôtel, du North British Hotel, de l'Angel Hotel, atteindre à une sorte de rêve éveillé, de parfaite démesure ? Sport de voyous pratiqué par des gentlemen ? Et si c'était le contraire ?

Olivier Magne à la batterie. Chaud devant.

Pelous, Skrela, le rugby est une chanson…

Les frères Whetton, Alan et Gary, sont montés sur la table au soir d'un France-All Blacks…

Les ors du palais où se déroulaient les banquets d'après-match.

Banquet de France-Ecosse, André Moga semble apprécier les rodomontades du pilier écossais Milne.

Gérald Martinez n'empêchera pas son rival écossais de marquer sous les yeux ébahis des jeunes supporters écossais.

LES GOSSES
assis à un mètre du terrain

Il y a quoi ? Vingt-cinq, trente ans ? À Édimbourg, sur le vieux et mythique stade de Murrayfield, les enfants étaient assis par terre, « en tailleur » disait-on encore, à cinq mètres à peine de la pelouse où se jouaient les matchs du Tournoi. Des incidents ? Des blessures ? Des pitreries ? Je ne crois pas que la très sérieuse Rugby Scottish Union ait jamais eu à déplorer quoi que ce soit du genre. Le privilège était patent et il ne serait venu à l'idée d'aucun des collégiens en uniforme de franchir les limites du supportable. On savait se tenir.

Je me souviens très bien, en revanche, du vol de moineaux qui s'éleva de Murrayfield à l'heure du coup de sifflet final, ce jour de mars 1984 où la France perdit contre toute justice un grand chelem largement mérité – c'était le dernier match dans le Tournoi de Jean-Pierre Rives, Jérôme Gallion avait été agressé sur un fond de touche, j'effectuais là mon premier match du Tournoi comme reporter au pays des hautes terres… Vol de moineaux ? L'image est facile. Il faudrait pour la dire toute – et je l'ai encore sous les yeux, éclatante comme au premier jour – savoir exprimer cette explosion de joie, ce cri unanime, ce jaillissement soudain d'une centaine de gosses jusque-là sages comme des images, vers les joueurs, le terrain, la délivrance…

Je dis plus avant dans ce livre, la chance qui fut la mienne, enfant, de pouvoir jouer derrière les poteaux de but où se disputaient des rencontres d'importance. Rien là de semblable, sans doute. Tenus, bien éduqués, bravant le froid et les intempéries, les gosses d'Écosse ne bougeaient pas, comme pourraient ne pas bouger, plus d'une heure durant, des enfants bouddhistes élevés au Tibet. Mais la fin du match sonnait la récré et ce n'était là, dans la joie et la bonne humeur, que des cris et des rires, des tapes sur l'épaule, des autographes quémandés. Des souvenirs pour la vie.

Il faut ne pas aimer l'enfance pour avoir un jour interdit ce genre de pratique, que l'on retrouvait, indifféremment, en Nouvelle-Zélande et en Angleterre, en Irlande et au pays de Galles… Et ne pas aimer la vie pour avoir détourné la coutume au profit des « saladiers » et des étendues grillagées qui évoquent plus les camps de concentration de triste mémoire que le jeu de notre enfance.

La pluie n'a jamais empêché les futurs gentlemen de suivre les rencontres.

Des enfants au bord d'un stade en Nouvelle-Zélande.

La joie de jeunes supporters écossais dans le temple de Murrayfield.

LA VOIX DE COUDERC

Dans la protection tenace du souvenir, le rugby aura toujours partie liée avec la voix de Roger Couderc, les images noires et blanches des téléviseurs d'autrefois. Couderc ? Une voix forte, caverneuse, solaire, amplifiée par l'événement : « C'est Boniface qui donne à Crauste… Relais de Spanghero… Spanghero… Formidable Spanghero ! Quel joueur que ce Spanghero… » Il faut revoir, aujourd'hui, sur la chaîne ESPN, ces matchs d'alors que commentait Roger. C'est un spectacle permanent, une illusion totale, voulue, magnifiée, théâtralisée par ce journaliste singulier dont le désir premier n'était pas d'objectivité, mais de communication. L'exemple précité est particulièrement édifiant. Si le commentaire de Couderc fait en effet de Walter Spanghero le héros de cette action, le rôle de ce dernier se réduit en vérité à une seule passe. Un maillon dans la chaîne. Et quand Roger Couderc, emporté dans son élan, statufie Walter, le spectateur averti s'aperçoit que le Spanghero en question a déjà passé la balle depuis deux bonnes secondes et que le relais est exercé par Cester, puis Gruarin dont il ne dit pas un mot… Techniquement, tactiquement, les non-sens sont multiples dans la voix de Roger. Ainsi Walter, toujours plaqué par un rival gallois, enterre-t-il le ballon au plus ombreux de l'action. Un amoncellement d'hommes se fait. L'arbitre siffle. Les joueurs se relèvent. Et naturellement Spanghero est le dernier à émerger. Mais le coupable dans la voix de Couderc prend aussitôt les traits du mythe. « Et c'est Spanghero qui une fois encore se relève le dernier de cette mêlée ouverte. Quel courage que ce Spanghero ! »

Dérisoire ? Je le crois. Couderc se moquait comme d'une guigne de coller à l'événement autrement que par un commentaire global porté sur celui-ci. Il reprenait, à son corps défendant, la fameuse exclamation de Nietzsche : « Les faits n'existent pas ! » Ce ne sont pas les matchs qui l'intéressent, mais leur marge, leurs contours, leur mise en scène. Il ne commentait d'ailleurs pas les rencontres, il racontait le rugby. C'est si vrai qu'il n'est pas dans le commentaire sportif à proprement parler et pose, à longueur de rencontres, des questions auxquelles il devrait répondre : « Qui est blessé ? Combien de temps reste-t-il à jouer ? » etc. Au vrai, c'est un marchand de tapis exceptionnel, un bonimenteur patenté que la modernité rejetterait sans ménagement, mais qui fit sa fortune de l'art de la persuasion et de la méconnaissance du grand public à l'endroit de ce jeu.

Nonobstant, il aime ce qu'il fait et valorise toujours l'instant. Il n'a de cesse de faire corps avec son équipe, de la faire aimer, dût-il en faire des tonnes, de lui restituer sa substance. Il a des coups de cœur : Spanghero, on l'a vu ; Jean-Pierre Rives, plus tard. Mais il a compris que la meilleure façon de se faire aimer du grand public et de gagner sa partie était encore de toujours dire du bien des joueurs, de pousser le chauvinisme jusqu'à la dérision, de se vêtir des habits du grand-père gâteau qui met entre l'événement et lui toute la distance patriarcale : « Allez les petits ! » ; « C'est si beau ce grand chelem [le premier de l'histoire, celui de 1968] que maintenant je peux mourir en paix. » Aussitôt suivi d'un « allez France » dont on dirait aujourd'hui qu'il préfigure des tendances poujadistes, démagogiques, flagorneuses.

Il n'empêche, Roger Couderc colle à son époque comme personne et c'est un comédien puissant, drôle, bon enfant, capable de nourrir ses commentaires de sujets subalternes, pour remonter d'un coup d'ailes, pressé et ardent, abstrait et impérieux, sur les lieux de la rencontre qu'il sublimait de nouveau de propos vertigineux, étourdissant le téléspectateur, osant des rapprochements saugrenus, des comparaisons qui n'appartenaient qu'à lui. Mais vrai, quel acteur ! Et quel formidable ambassadeur pour le rugby français !

Roger Couderc, la voix du rugby français.

Couderc toujours, pour le coup d'envoi d'une rencontre…

…et dans le jardin de l'Élysée, interviewant Georges Pompidou, sous le regard des Bleus de l'époque.

Inauguration de l'allée « Les-Petits »
au Parc des Princes, avec Pierre Albaladejo.

Couderc, entouré par Jean-Pierre Rives et Robert Paparemborde.

Le XV de France vainqueur du grand chelem de 1977, dans le vestiaire de Dublin.

LE TOURNOI DES V NATIONS

Comme dans les romans de Simenon, c'est l'atmosphère qui compte. Les paysages, les odeurs, les bruits, la tension imperceptible des veilles de matchs, la structure même des villes où se jouent les rencontres, ont toujours été pour moi, comme le mètre à auner les étoffes, une espèce de référence par où mesurer la force du Tournoi. La fameuse « magie » de l'International Championship, me semble là tout entière tapie dans la nuance sombre des pubs, dans l'encavement des rues de Cardiff ou de Dublin, rafraîchis comme d'une buée par l'odeur de malt et de houblon. Là, dans le vieil Édimbourg reclus, encapuchonné des pesantes brumes d'hiver. Dans le Londres crapuleux de Soho, comme dans les avant-matchs *so chic* de Twickenham. Si je ne devais avoir qu'une seule raison d'aimer le Tournoi, c'est ici que je la trouverais. Parce que c'est ici, je le jurerais, que palpite l'âme même de la vieille institution.

Autre chose ? Oh, oui, bien sûr ! On ne badine pas avec l'épopée. Et le Tournoi excelle en la matière qui nous rend, année après année, cet impayable feuilleton de cape et d'épée, de bruit et de fureur, où les héros ont partie liée avec les traîtres, où le bien lutte avec le mal, où la morale n'est pas toujours satisfaite mais où les pères, invariablement, initient depuis cent ans leurs enfants aux subtilités du noble game. À ce titre, le Tournoi est un mythe, auréolé d'un prestige insoupçonnable, dont la permanence même induit, à y bien regarder, un aspect quasi religieux : c'est un cérémonial dont le culte s'ouvre tous les ans à la même période, sur les mêmes lieux, dans les mêmes stades et lui confère l'aura en question.

Mais comme le Paris d'Hemingway, le Tournoi est une fête. Et rien n'est plus rassurant par les temps obscènes qui courent que ce partage des rires et des bières entre supporters d'équipes adverses, par les rues bondées de Cardiff et de Dublin, d'Édimbourg et de Saint-Germain-des-Prés. Si la fraternité sportive a un sens, c'est encore ici qu'il faut la rechercher.

Mais d'où vient alors l'inquiétude qui se lève, la nostalgie qui m'assaille ? Non pas de la formidable arrivée italienne sur l'échiquier du Tournoi, portant de cinq à six le nombre de pays participants. Le charme de Rome continuant au contraire de perpétuer les bonnes raisons que l'on a de se rendre, de début février à la fin avril, sur ces lieux où la magie opère. Ma réserve est d'un autre ordre. Longtemps, le Tournoi fut cette compétition sans classement ni trophée, cette somme de rencontres amicales, d'où n'émergeaient, pour le plaisir, que les titres sans consistance de « grand chelem » et de « cuillère de bois ». Le premier était dévolu à l'équipe qui gagnait tous ses matchs, le second à celle qui les perdait tous. Cela avait un petit côté « de Coubertin » qu'exacerbait à sa manière un public bon enfant, très chic sur le front londonien, boucané de grand air, de whisky et de bons sentiments sur les autres stades de l'Empire britannique. Le Tournoi traînait par-devers lui une esthétique et mieux encore, une morale.

Tout cela dura jusqu'en 1993 et la mise en jeu d'un trophée, dûment sponsorisé, offert au vainqueur. Le professionnalisme aidant, d'autres changements s'opérèrent. Le commerce fit son apparition. Et avec lui, la retape. Les agences de voyage convoyèrent vers les différentes destinations plus de spectateurs qu'elles n'en avaient jamais recueillis. Le mauvais goût pénétra dans l'arène. À Paris comme à Londres, à Dublin comme à Cardiff, les avant-matchs furent accaparés par des sponsors nouveaux, instaurant des villages de toile là où, naguère, le commun des mortels déjeunait, emmitouflé jusqu'aux oreilles, sur une petite table de camping qu'il avait fait suivre, ou plus sûrement encore dans les pubs enfiévrés voisins. Ce n'était rien, bien sûr. De menus changements. Un peu de commerce. Un zeste de trivialité. L'argent mis ostensiblement sur le devant de la scène. Le début d'une ère nouvelle. Trois fois rien.

Mais ces riens vous tuent.

Les frères Camberabero, entourés de Jean-Claude Noble dans le couloir du stade de Colombes en 1968.

Les Bleus forment le rond lors des hymnes d'un match international.

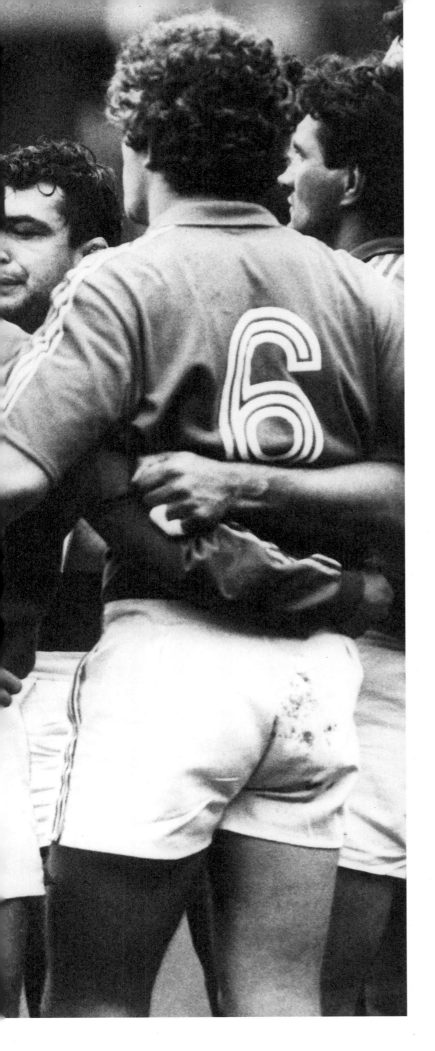

Cornemuses écossaises.

Le coq français en liberté dans le champ de Murray...

Le stade de Colombes où le XV de France joua des années durant. Sur cette touche Spanghero ne prendra pas le meilleur sur les Anglais.

LES PHASES FINALES

Elles furent longtemps l'apanage du rugby. Aux « poules de huit » des dimanches d'hiver qui présentaient le double avantage de ne pas surmener l'élite de ce jeu et d'enseigner la géographie aux enfants – où se trouvait donc Montluçon ? Et Angoulême ? Et Graulhet ? Et Saint-Sever ? Et Romans ? – succédaient les phases finales auxquelles il convenait de se qualifier pour y participer.

Elles émargent dans le souvenir commun avec des dimanches de fête, des rencontres de printemps, banderoles au vent dans des géométries de soleil. Elles donnaient lieu, tous les ans, à des résultats impossibles, des surprises impayables, des oppositions pleines de bruit et de fureur. Combien de fois le premier club français, au sortir des matchs de poule (celui qui avait le plus de points toutes poules et tous matchs confondus), se voyait-il désarçonné dès les seizièmes de finale, le premier tour des matchs éliminatoires. Ah ! l'émotion que cela suscitait alors ! Et combien de fois le dernier qualifié (Pau en 1964, Tarbes en 1973, Toulon en 1992), le 32e sur l'échelle du championnat, le mauvais sujet de la classe, se voyait-il, *in fine*, sacré champion de France ? J'en cite trois de mémoire, il y en a, je le sais, beaucoup d'autres. Et c'était bien tout le charme de cette compétition abrasive qui suscitait quelques mauvais sentiments au passage (qui n'espérait pas la chute du champion ? La France est ainsi faite qui se complaît, dans un sentiment un peu louche, qui devrait nous faire vaguement honte, à voir le meilleur se casser la margoulette), mais s'accompagnait toujours d'idéales surprises. Il n'y eut que le flamboyant Lourdes, dans les années 1950, le monolithique Béziers, dans les années 1970, pour survivre à tous les climats, toutes les tensions, les imprécations d'adversaires épouvantables. Les autres émargeaient, ils ne survivaient pas. Ainsi tel champion une année se vautrait-il la saison suivante sans autre raison que la malchance, la dure loi du sport…

Cette loterie, on l'aura compris, n'était pas de nature à favoriser le plus fort, le plus tenace, le plus endurant. Elle ouvrait des perspectives symboliques, autorisait les dérapages de septembre à mars, permettait aux mauvais sujets de se laisser porter pour finalement se reprendre, sur le tard, au grand dam des bons élèves, auquel un début de saison parfait avait fait lever des songes. Il était permis de rêver neuf bons mois sur dix. Bien sûr, comme toujours, une seule équipe était sacrée championne de France, une année sur trois à Lyon, Toulouse et Bordeaux, avant que Paris ne prenne toute la place dès 1974 ! Un seul élu pour soixante-quatre et même quatre-vingts candidats, en 1988 et en première division de ce jeu. Le rugby marchait sur la tête. Mais au moins s'enorgueillissait-il de ne pas retrouver, tous les ans, à la même époque, les mêmes équipes au même rang. Pour comparaison, il faut se souvenir que de 1994 à 2009, seuls trois clubs se sont partagé le bouclier de Brennus : Toulouse, Paris et Biarritz ! Quand on ne comptait pas moins de neuf équipes différentes de 1959 à 1970 : Racing Club de France, Béziers, Agen, Mont-de-Marsan, Pau, Montauban, Lourdes, Bègles et La Voulte. La carte du tendre revisitée aux couleurs de notre championnat.

Les Biterrois Pierre Lacans et Armand Vaquerin brandissant le bouclier de Brennus remis par le président Ferrasse.

Les supporters d'Agen avant la finale contre Dax de 1966.

Les villages dans l'élite

N'était le rugby, quel sport peut-il se prévaloir d'avoir eu, des années durant, des bleds comme faire-valoir d'une élite ? Des bleds, vraiment ? Comment appeler autrement ces gros villages de trois à dix mille habitants, dont on cherchait en vain le nom sur la carte de France et qui figuraient pourtant, à l'échelle de ce jeu, des bastides imprenables ? La Voulte, champion de France en 1970, Graulhet, plusieurs fois demi-finaliste, Saint-Vincent-de-Tyrosse qui resta en première division trois bonnes décennies durant, Mazamet, finaliste du championnat sous le commandement de Lucien Mias en 1958, Carmaux, champion en 1951, Lourdes, pur icône de ce jeu, huit fois champion de France, Bagnères-de-Bigorre, finaliste du championnat en 1979 et 1981, mais aussi Oloron, Gaillac, Romans, Lavelanet, Hagetmau, Saint-Girons, j'en passe et des plus symboliques…

Un ange passe. Oh ! pas de fierté particulière ! La question, ici, n'est d'ailleurs pas tant de savoir si c'était bien ou mal que de mesurer l'évolution sociologique d'un sport que domine désormais l'économie. Impossible, sauf à posséder un mécène par-devers soi, d'établir un modèle économique fiable, susceptible d'avoisiner en 2010 les vingt millions d'euros, sans posséder le tissu industriel d'une grande ville. Impossible ! De sorte que même les villes de moyenne importance, celles qui n'atteignent pas les 100 000 habitants, semblent, à terme, pareillement condamnées.

Et c'est un bouleversement considérable sur un paysage sportif qui, des années durant, tricota sa pelote en famille, fit de la France rurale sa fierté, trouva son équilibre dans le Sud du pays où le rugby, au sens propre, avait valeur culturelle. Je ne sais, à l'heure où j'écris ces lignes, ce que sera le rugby en 2050. Au train où vont les choses, il est pourtant permis d'imaginer qu'il se sera établi, selon un modèle d'équipes franchisées, dans les plus grandes villes de l'Hexagone : Paris où peuvent fleurir trois clubs au bas mot, Lille peut-être, Lyon, Marseille, Toulouse, Bordeaux. Un reste de culture aidant, on peut se rassurer en se disant que le Pays basque aura su confondre Bayonne et Biarritz, les Landes et la Chalosse pour composer une équipe originale. Que Toulon même aura survécu. Comme, je l'espère, Clermont-Ferrand. Strasbourg sera-t-il de la fête ? Et le Nantes de Julien Gracq, que l'on aurait associé alors à Saint-Nazaire ?

Un historien se mêlera de l'affaire et fera rire les jeunes gens en leur apprenant que le rugby de leurs arrière-grands-parents se jouait dans des cours de ferme, dans des villages aux noms impossibles, dans des petites villes de province où, le soir venu, les joueurs se réunissaient dans des bacchanales improbables. Saura-t-il rendre les grommellements, grimaces, onomatopées, les mouvements inattendus de la main et du bras, les soufflements, gestes en vrille, regards en coin, moues de renoncement, venus signifier la position d'un pilier en mêlée, une attaque de balle, une déviation en touche, la plainte d'un adversaire gémissant au sol ? Toute cette mayonnaise du non-dit, du seulement suggéré, cette culture rurale et ces manières d'être, qui firent le rugby de bohème, le rugby paysan, le rugby de grand-papa ?

Les joueurs de Quillan, déjà sponsorisés par un célèbre chapelier.

Entraînement dans la joie.

Des supporters attentifs.

Les Anglais ont fait du rugby leur sport éducatif.
En France, les matchs profs-élèves n'ont plus cours.

Black Rock Collège en Irlande.
Le rugby y est enseigné comme
les mathématiques.

PROFS / ÉLÈVES

C'était une tradition. Comme le Varsity Game en Angleterre qui oppose, tous les ans, l'équipe universitaire de Cambridge à celle d'Oxford dans le temple de Twickenham, les lycées français (ceux du Sud en tout cas) proposaient, en fin d'année scolaire, un match profs/élèves qui ne manquait pas de sel. Du plus loin qu'il m'en souvienne, les tribunes étaient pleines pour l'occasion et pour les potaches que nous étions, il y avait quelque fierté à devoir affronter des adultes devant toutes les filles du lycée, sinon quelques femmes profs elles-mêmes, au charme desquelles il était parfois difficile de résister. S'y montrer ridicule eût été déchoir. Au point que même les moins courageux se faisaient un devoir de défendre avec acharnement et de ne rien céder à la puissance présumée supérieure des profs. L'héroïsme que nous revendiquions dans nos rêves était à ce prix. L'envie de paraître, de bien figurer, était-elle aussi poussée chez les profs eux-mêmes ? C'est tout à fait probable, mais j'avoue que mon point de vue ne s'exerça jamais de leur côté…

J'ai joué deux de ces rencontres où passait un peu d'électricité. Mes souvenirs sont épars. Je me souviens d'un bel essai marqué par mon ami « La Rouille », au terme d'une action enlevée, mais entachée d'un gros en-avant qui passa par pertes et profits. Je me souviens encore d'une prise de bec avec un prof de physique au prétexte justifié que je n'avais pas lâché la balle après un plaquage. Nous n'allions jamais jusqu'aux coups, mais la tension était palpable, l'engagement total. Je fus même, une année, opposé à un prof de math au cul duquel je poussais tous les dimanches. Il était pilier et j'étais son troisième ligne aile dans l'équipe première du Stade saint-gaudinois. Singulièrement, j'avais pris barre sur lui du haut de mes dix-sept ans (il souffrait, le dimanche, en mêlée) et je l'accablais ce jour-là, m'octroyant le beau rôle, de toutes sortes de reproches, dont, le recul aidant, je ne suis pas très fier.

Question pour un champion : d'où vient que les profs de français que j'aimais bien, les profs de philo que je vénérais, ne jouaient jamais au rugby ? On ne trouvait, lors de nos oppositions, que des scientifiques, où la technologie, la physique, la science et les mathématiques composaient un savant mélange. Et lorsque je dis savant… Une fois, j'ai vu un prof d'histoire se mêler au débat. Une fois, un prof d'anglais ! Les « pions » en revanche abondaient.

Plus tard, je fus pion à mon tour, mais déjà la mode avait passé. Le rugby ne se pratiquait plus en milieu scolaire au prétexte fallacieux que les stades manquaient. Ce qui n'était absolument pas vrai dans nos contrées méridionales où le rugby, à la lettre, a toujours eu droit de cité. Ce qui manquait surtout c'était le courage, les douches d'après-rencontre, les élèves passionnés. La mode touchait les sports de salle ; l'hiver, dans les Pyrénées, le ski reprenait tous ses droits. Qui aurait encore eu envie d'aller se frotter à des élèves revanchards, affûtés, insolents, à des profs aguerris, roués, rebelles, dont tout laissait penser qu'ils nous en voudraient, plus tard, de leur être rentré dans le lard avec autant d'enthousiasme ? L'époque était au consensus, au mielleux, au compromis. On n'en reviendrait jamais.

Orso est parvenu à dévier la balle dans ce qui était une touche d'autrefois, où tous les coups étaient permis. On reconnaît Dubroca, Cremaschi, Erbani, Condom.

Jo Maso décale à la perfection Aguirre, devant Badin et Romeu.
Image type d'un certain jeu à la française.

LE CULTE DU PLUS « UN »

La quête du « plus un » – par quoi il faut comprendre le décalage de l'ailier en bout de ligne – obséda deux générations au moins de joueurs. Ce sont les Lourdais qui, les premiers, avaient instauré ce parti pris offensif qui consistait, sur attaque dite classique (après mêlée ou après touche) à fixer chaque défenseur et à faire venir l'arrière dans la ligne offensive pour espérer se retrouver en position de deux contre un face à l'ailier adverse. Des variantes, bien sûr, virent le jour : ainsi des fameuses tentatives de cadrage débordement de certains ouvreurs ou centres, effaçant leur rival et se projetant aussitôt sur le suivant, afin de fixer à eux seuls deux adversaires. À charge pour les autres attaquants de savoir se décaler sur le cadrage débordement de leur partenaire tout en gardant, au moment où le ballon leur parvenait, une trajectoire de course « rentrante » qui leur permettrait « d'attaquer le ballon sur la prise de balle » et de fixer leur adversaire.

On fit grand cas dans les années 1960 et 1970 de cette forme de jeu qui demandait, pour être interprétée à la perfection, une parfaite minutie de gestes et une grande complicité intellectuelle entre attaquants. Rien de très compliqué pourtant : le jeu étant de mettre cinq attaquants face à quatre défenseurs en demandant à l'arrière de quitter ses prérogatives de veilleur de nuit pour venir se mêler de l'attaque. Mais un rien suffisait à gripper la machine : l'intervention d'un troisième ligne adverse que l'on n'aurait pas su fixer convenablement ; une passe mal assurée ; une incompréhension d'un joueur tardant à se décaler, etc. De sorte que cette volonté de réussite, à laquelle le french flair doit beaucoup, confina parfois à l'étude mathématique. À Lourdes, Maurice Prat et Roger Martine, étudiaient tout, un chrono à la main. Le temps de passe du demi de mêlée vers le demi d'ouverture, les temps de fixation, le nombre de mètres réalisé en deux secondes, le temps imparti à l'arrière pour quitter sa forteresse du bout de terrain et venir, à la faveur d'une course en arc de cercle, dans la ligne d'attaque selon un procédé offensif qui empruntait au crescendo : de plus en plus vite de l'ouvreur vers les centres, du deuxième centre vers l'arrière, etc. À Mont-de-Marsan, André Boniface poussa l'investigation plus loin encore en convertissant son frère Guy et tous les attaquants à cette nouvelle religion qui se compliquait de passes croisées, laquelle fit florès à Bayonne comme à Agen et trouva des ramifications dans toute la France.

Il faudrait, pour pleinement mesurer l'importance de cette forme de jeu, reconstituer ici l'enchaînement de rites, de rencontres, de passions, de cousinages, qui fit que bientôt les Français passeraient maîtres en la matière et déboussoleraient à l'envi leurs rivaux anglo-saxons qui ne comprenaient goutte à cette orchestration. Ils sembleront même médusés par la technique parfaite de nos trois-quarts, jonglant avec la belle avec un naturel qui empruntait pourtant à des heures et des heures de répétition. Le maillage était serré. Et le culte de la passe (voir chapitre suivant) décidait de tout.

Tout cela, qui fera rire, peut-être, quarante ans après, les très jeunes joueurs d'aujourd'hui, présida pourtant à la réputation assez flatteuse du rugby français, que l'on disait plus que tout autre versé sur l'offensive. La réputation du french flair, je le répète, vint de cette époque et doit peut-être tout à cette forme de jeu.

Mais c'était compter sans les revers, la jalousie des avants, sans ce cauchemar de l'excès qui semble inscrit dans nos gènes et poussa certaines équipes à ne plus jouer que pour ça, délaissant du même coup les basiques du jeu d'avant, la nécessaire alternance entre toutes les formes de jeu. D'un excès dans l'autre, on délaissa bientôt cette science offensive pour le seul jeu d'avants, inspiré de l'école biterroise. Le pack français du grand chelem 1977 prit le relais comme on réduit à rien des années de réflexion, une belle part du patrimoine. La réussite avait d'autres sorties. Le mépris aidant, on décréta comme nulle et non avenue cette forme de jeu que bientôt plus personne ne saurait enseigner, mais qui participait pourtant du rugby éternel. André Boniface me dit aujourd'hui encore et à juste titre qu'un trois contre un s'appréhende de la même façon en 2010 qu'en 1960. Mais qui se souvient seulement de l'extrême finesse gestuelle que cela exigeait, de la structure quasi moléculaire du milieu, avec ses aimantations, ses osmoses, ses glissements, sa nébuleuse ? Jamais peut-être le rugby français ne fut aussi avant-gardiste qu'à cette époque-là, à la faveur de ce jeu-là. Mais il faut croire qu'il entrait dans notre conception masochiste de la vie de jeter une ombre sur pareille embellie. La France, « poulidoriste » dans l'âme, ne pouvant s'accoutumer sans dommage d'une première place…

Maso mène l'assaut flanqué de Trillo à sa gauche et de Cantoni à sa droite.

Le souci du geste juste et d'une certaine élégance, même dans le rugby des villages.

François Sangalli
fixe la défense montferrandaise
dans une parfaite
dissociation jambes/tronc.

Personne mieux que Jo Maso ne magnifia l'élégance de la *french pass* célébrée par les Néo-Zélandais.

LA FRENCH PASS

Au moins autant que dans les autres sports, la passe, en rugby, projetée vers l'arrière comme l'on sait, dans un geste aussi peu naturel que possible, est un des actes fondateurs de ce jeu. La France, pour les raisons que l'on va voir, en fit un culte, un sacerdoce, à la dévotion duquel les victoires semblaient rattachées. Elle dessina même, au fil du temps et à l'usage du monde, une passe singulière, au trajet arrondi, descendant-ascendant, sans rupture de rythme entre les différents joueurs qui composaient la ligne d'attaque, dont le trajet épousait celui d'une courbe sinusoïdale, montant d'abord pour mourir dans les bras du partenaire. Les Néo-Zélandais, impressionnés, l'appelèrent la french passe. Avec le temps, les choses évoluèrent et la french passe n'est plus, dans l'esprit du grand public, qu'une passe sèche, plate, sans effet, c'est-à-dire non « vissée ». Cette anecdote symbolise d'ailleurs assez l'évolution de la passe elle-même, simplifiée, déconsidérée, au point de devenir un simple facteur de transmission quand elle était naguère l'essence même du jeu.

En étant le lien indispensable à toute évolution du rugby, à son organisation même, elle se voulait plus encore qu'aujourd'hui, symbole technique, mais aussi esthétique, sociologique, amoureux, philosophique… Jean Trillo, alors entraîneur du XV de France, avait développé, en 1991, pour le compte du *Midi Olympique*, une argumentation dont je trace ici les grandes lignes, tellement tout cela était dit beaucoup mieux que je ne saurais le faire :

Acte technique : « La passe, disait Jean, est plus technique que tactique, simplement parce qu'elle demande pour être exécutée dans le temps juste, des heures de travail et de répétition. Elle exige une concentration constante de la part de tous, car, au-delà du geste pur, le joueur doit se prémunir par rapport à des données espace-temps. La maîtrise, c'est aussi le placement, la capacité à juger s'il convient de se décaler, de se rapprocher, de surgir à hauteur du partenaire, d'accentuer la profondeur, etc. Il faut aller chercher la balle au moment de la réception pour supprimer le temps de l'armement. En attaquant le ballon sur la prise de balle, on a toutes les chances de gagner la seconde qui sera essentielle en bout de ligne. Il faut savoir en effet que sur deux secondes, un joueur parcourt huit mètres. D'où la nécessité au moment de l'attaque de balle d'aller plus vite que la défense adverse. Non pas à titre personnel, mais collectivement, dans le tempo des passes. S'il n'y a pas de perfection gestuelle, ce tempo ne sera pas respecté et tout tombera à l'eau. Maîtrise de course, maîtrise du temps de départ lié à la passe, cohésion et homogénéité sont nécessaires à l'aboutissement d'un projet commun. C'est vrai pour une attaque classique, c'est également vrai sur n'importe quel temps de jeu, quand se profile un trois contre deux par exemple et qu'une perfection tactico-technique sera demandée à l'attaquant, au moment de la trajectoire de course, du service, de la fixation, du décalage. »

Acte esthétique : « La passe, disait Jean, c'est une onde qui se propage. Elle suppose des gestes gracieux, esthétiquement beaux pour être efficaces. L'attaque de la balle, la dissociation jambes-tronc au moment de l'amorce, du service, ne peuvent s'effectuer que dans un mouvement coulé de tout le corps. C'est pour ça que les Boniface exigeaient énormément de la tenue de tête, de l'équilibre du corps au moment du service. Une passe, pour être efficace, demande du style. Le meilleur passeur était peut-être Jo Maso, c'était aussi le plus beau. »

Acte sociologique : « La passe évolue avec le temps. Dans les années 1950, les joueurs s'asseyaient au moment du service jusqu'à tomber. Période un peu narcissique de l'après-guerre, le joueur avait tendance à s'observer. Le don de soi était vrai pourtant. Il fut exacerbé pour des raisons évidentes à mon époque. C'était l'après-68, le goût de la vie en communauté, *peace and love*. Il s'est en revanche perdu dans les années 1980, ère de l'individualisme, décennie de l'égocentrisme, où est arrivée sur le marché la passe "vissée", qui marque l'indifférence à l'égard de l'autre. La passe ici n'est plus objet du culte : d'où la multiplication des passes aux chevilles, des feintes de passe. Devenue objet de risque, d'anarchie, détournée de sa fonction initiale, elle fait peur. On n'est pas pour rien dans l'ère de la communication […] L'homme a perdu le sens de l'autre, le jeu de rugby a perdu son jeu de passes. »

Acte amoureux : acte d'amour par excellence, la passe selon Trillo est bien sûr offrande. « Elle exige une abnégation totale, mais en même temps elle doit être envisagée comme une récompense exaltante. La passe devient un trait d'union afin de ne plus faire qu'un. Ce ballon qui passe de main en main, ce ballon porteur d'allégresse, de bonté, finit par réunir les êtres au point de les confondre. C'est l'extase, l'acte d'amour, la jouissance pure […] C'est encore pour un instant la défaite de la solitude, de l'individualisme, de la bêtise […] C'est un acte que l'on a envie de prolonger indéfiniment. »

Acte philosophique : « La passe, c'est le lien entre les individus. Un lien latéral qui doit supposer le rapprochement. Elle s'inscrit encore dans un trajet de perfectionnisme qui remet sans cesse l'individu en cause et le prédispose à l'autotranscendance. À la fois Graal et matière parfaitement palpable d'une réalité que l'on maîtrise et que l'on sait pouvoir faire évoluer, elle est fusion entre idéalisme et matérialisme. En cela, elle se rapproche de l'apparente dualité naturelle que l'on retrouve dans le cycle des saisons, la mouvance des vagues de la mer, les rapports homme-femme […] »

Le temps a peu joué sur l'exposé de Jean Trillo, qui reste, à mes yeux au moins, aussi juste que passionnant. Il situe assez l'importance d'un geste unique, fondateur du jeu de rugby.

Pierre Albaladejo au service pour Jacky Bouquet.

Un parfait service « à la corne », comme en tauromachie.

Il arrive que les décisions de l'arbitre fassent sourire…

L'ARBITRAGE MAISON

Je dis dans ce livre quels étaient les repas d'avant-matchs d'autrefois et la pression indirecte que devaient y subir les arbitres, habilement conditionnés à sanctionner l'adversaire, ce pelé, ce galeux. Et ça marchait ! Ou bien l'arbitre avait été réellement convaincu par le discours ambiant, ou bien il entendait ne pas se mettre le public local à dos. De fait, les arbitres neutres se comptaient sur les doigts d'une seule main. Les autres sacrifiaient à « l'arbitrage maison » qui consistait, sous les vociférations du public, à permettre à l'équipe locale de réussir une, deux ou trois pénalités en bonne et due forme, pour des fautes adverses qui n'étaient pas toutes justifiées… Parfois, il arrivait que celui que l'on surnommait encore l'« homme en noir » ferme les yeux sur un en-avant manifeste et accorde généreusement l'essai à l'équipe locale. Et comme ce jeu est le plus complexe de tous, il était facile de siffler des fautes imaginaires que personne et pour cause (la vidéo n'existait pas) n'irait vérifier. Mais l'équipe ainsi défavorisée savait pouvoir se rattraper le dimanche suivant en jouant « à domicile »…

Le *modus vivendi* n'était pas dit, mais il était entendu et personne n'y trouvait vraiment à redire. D'autant qu'avec le temps, les arbitres devinrent roués et de plus en plus difficiles à conspuer. Je me souviens de celui-ci, devenu plus tard président de la commission des arbitres, qui sifflait toujours l'équipe d'Agen (l'équipe du président Ferrasse, de Guy Basquet, de tous les « gros manteaux » de la FFR, comme les avait surnommés Jean Dauger, avantagée comme pas une des années 1970 à 1990) dans les vingt-deux mètres adverses, de sorte que son adversaire ne puisse tenter ses pénalités et qui, *a contrario*, sifflait toujours celui-ci dans ses propres trente mètres. À la sortie, le décompte des pénalités fait par les journalistes ne laissait percer aucun écart manifeste, sauf qu'une équipe avait tenté dix pénalités quand l'autre s'était contentée de taper en touche.

Je revois encore cet autre arbitre, rieur, goguenard, nous conter un soir par le menu comment il s'y prenait pour favoriser l'équipe agenaise de ses amis les Viviès. Je l'ai vu sévir un jour, à Aurillac, où Agen avait justement gagné, passer outre les quolibets et les sifflets, les menaces physiques, pour finalement accorder à ses potes Christian et Bernard Viviès la victoire sur un plateau. Il avait demandé au très jeune journaliste que j'étais alors, de le raccompagner vers Toulouse, dans ma petite deux-chevaux de l'époque, et je me revois encore quitter le stade Jean-Alric d'Aurillac, la tête basse…

Il dément à lui seul ma théorie sur l'arbitrage maison. Mais seul Agen, à ma connaissance, échappait à la règle. On n'a pas idée alors de la somme d'inventions, chienneries, bassesses, que les *referees* employaient pour parvenir à leurs fins. D'où l'étonnement des joueurs étrangers venant en France devant la prétendue difficulté de gagner « à l'extérieur ». Je revois Wayne Shelford et son beau-frère Mac Donald, respectivement capitaine et pilier des All Blacks de Nouvelle-Zélande, effarés par l'arbitrage qu'ils devaient endurer avec l'équipe du TOEC, dans la troisième division de l'époque, au cul des années 1980. J'entends encore Gary Whetton, autre deuxième ligne des All Blacks champion du monde 1987, dire son désarroi devant l'évidente malhonnêteté des arbitres français, alors qu'il avait intégré l'équipe de Castres en 1993.

On me rétorquera à juste titre qu'il en allait de même pour les Français dans le Tournoi et pis encore lors des Tournées d'été, quand, confrontés aux arbitres locaux, ils devaient à leur tour endurer tous les maux de la terre. Ce fut éminemment vrai en 1968, où la France aurait dû gagner ses tests en Nouvelle-Zélande et en fut privée par un arbitrage scandaleux. Ici aussi, les exemples abondent. Mais ils ne justifient rien.

Les choses, heureusement, ont changé depuis une bonne vingtaine d'années. Et s'il fallait être rudement fort pour gagner chez l'adversaire de 1900 à, *grosso modo*, 1990, on se console en se disant que tout cela participait d'un folklore aujourd'hui révolu qui vit des arbitres finir dans le ruisseau, jouer des matchs à qui perd gagne, sur un coup de dé, un coup de cœur ; des publics se lever et se battre ; des dirigeants, piaffants, crêtés, protéiformes, en appeler à l'arbitrage de la Fédération dont ils savaient de science sûre qu'elle était elle-même infectée par la gangrène. Le rugby de papa était impitoyable…

Rugby d'antan, image perdue…

LA TERREUR DU PASSÉ

Ne les écoutez pas. Ne les regardez pas. Le rugby de jadis et naguère n'était pas cette daube qu'ils vous présentent et dont ils rient à gorges déployées. Au prétexte d'avoir revu quelques images arrêtées sur ESPN Classic de ces matchs d'autrefois, souvent filmés par une seule caméra, à ras de terre, ils en tirent des leçons définitives, où le sarcasme le dispute à l'ironie, l'humour à la condescendance. Les jeunes gens d'aujourd'hui sont impitoyables avec leurs aînés et créent, *de facto*, un malaise. Pour un peu, nos vieux de la vieille s'excuseraient presque d'avoir été ces guerriers d'alors, ces passionnés au service d'une cause souvent admirable. Bien sûr, ce n'étaient que des amateurs qui s'entraînaient deux fois par semaine quand les pros actuels s'entraînent deux fois par jour. Bien sûr, les stades étaient moins garnis et les matchs moins bien filmés. Bien sûr, le jeu n'était pas ce qu'il est. Bien sûr…

Mesure-t-on pourtant à quel point le jeu actuel se nourrit de ce qu'il fut ? Cela me frappa le jour où je revis la finale du championnat de France de 1985 entre Toulouse et Toulon. Finale admirable dans mon souvenir, peut-être la plus belle de toutes celles qu'il me fut donné de voir et dont la revoyure me laissa de marbre. Était-ce cela la finale du siècle ? Cela, le match référence à propos duquel les techniciens de l'époque ne tarissaient pas d'éloges ? Je voulus comprendre, revins sur l'image comme on remet le métier cent fois sur l'ouvrage et fus stupéfait de constater à quel point ce match qui nous avait emballés pour sa vitesse, son suspens, sa qualité offensive, préfigurait surtout de manière admirable le rugby actuel. Se dessinaient en toile de fond tous les lancements de jeu, tous les enchaînements, qui semblent aujourd'hui monnaie courante, mais qui allaient permettre ce passage d'un rugby cloisonné (les avants d'un côté, les trois-quarts de l'autre) vers un rugby total. De prime abord, le match avait vieilli qui semblait décousu, sans vraie cohérence tactique et si largement ouvert à tous les possibles qu'il figurait une rencontre amicale, un de ces matchs de plein vent et de courses comme on en voit jouer par les Barbarians. À la réflexion, il était porteur d'une grande modernité, pour employer un mot imbécile, et annonçait le rugby actuel.

La culpabilité des plus anciens doit encore s'arrêter devant les leçons de technique individuelle que nous donne la lecture de ces matchs d'autrefois. Derrière, c'est frappant ! Revoyez donc la tournée de l'équipe de France en Nouvelle-Zélande durant le printemps et l'été de 1968. Outre les ravages que fit Jo Maso dans la défense des All Blacks, sa complicité avec Jean Trillo et Pierre Villepreux notamment fit merveille. Techniquement, leurs gestes sont parfaits. Le rapport espace-temps était-il différent de celui qu'on oppose aux attaquants actuels ? C'est tout à fait possible, mais ça ne change rien à rien. Le tempo qui va de la passe à la course et réciproquement est simplement parfait et induit des trajectoires de course, des positions de tronc et de mains, des services même d'une science exacte. Ils s'adaptent à la défense, jouent en fonction d'elle. Serait-elle plus rapide, plus prégnante, plus agressive, qu'il y a tout lieu de croire que l'attaque le serait aussi.

Revoyez encore les lancements d'attaque de Jean-Louis Bérot au début des années 1970, tout ce réseau de réflexes offensifs qui circule de mains en mains, cette compréhension commune des mouvements et des situations qui situent plus que tout autre « le jeu à la française ».

Revoyez enfin les départs d'avants des « bestiaux » de Michel Crauste en 1965. Ce jeu de passes avant ou après contact, ces relais d'une précision extrême où s'expriment à ravir les Dauga, Spanghero, Herrero et compagnie. Qui dit mieux, aujourd'hui encore ? Et quoi de plus moderne justement ?

Michel Crauste
à la tête du XV de France
pénètre dans l'enceinte
de Colombes.

LES DURS À CUIRE

Au tout début de ma carrière journalistique, je tins, l'été, dans les colonnes du *Midi Olympique*, une rubrique intitulée « Les durs à cuire ». Elle était supposée, dans mon esprit, rendre compte tout à la fois des rodomontades, des bons mots, comme du courage de certains joueurs dont le rugby de l'époque donnait une idée chevaleresque, elle-même propagée par le bouche-à-oreille d'une culture parlée, fantasmée, impayable. L'auriez-vous remarqué ? Rien ne fait davantage rire les rugbymen, le soir, au coin des bars, que ces histoires de bagarres et d'humour. Les plus courageux n'étant pas les plus batailleurs ; il arrive qu'une confusion se fasse entre toutes les catégories. Tel provocateur, coupable d'actes d'agression caractérisés et de replis un peu lâches, considéré comme un « dur à cuire » par le grand public, n'est pas adoubé par la confrérie. Les vrais courageux ne sont pas ceux qui moulinaient le plus au cours de bagarres générales dont le ballet empruntait au folklore d'usage. Les plus courageux étaient ceux qui, selon l'expression populaire, « mettaient la tête où d'autres ne mettraient pas les pieds ». Plaqueurs infatigables, lutteurs impavides, durs au mal, ils composaient – composent aujourd'hui encore – une caste à mes yeux admirable, où le courage physique se double d'une solide force caractérielle, d'une faculté constante au dépassement de soi, d'une sérénité à toutes épreuves. Des noms ? Ils abondent. Un palmarès ? Il serait ridicule.

Un paradoxe pourtant : les vrais guerriers sont rarement des bagarreurs. Je n'ai pas souvenir d'avoir vu, un jour, Walter Spanghero, Jean-Pierre Rives, ou, plus près de nous, Fabien Pelous, jouer des poings. Cas isolés, au regard des Dauga, Herrero, Cester, Estève, Rodriguez, Diaz, Lansaman et compagnie, capables – et comment ! – de réduire à rien les velléités agressives d'un importun d'un simple coup de poing ? C'est possible.

Le temps aidant, je mesure à quel point le rugby peut tenir lieu de psychanalyse. Pas un autre sport où l'on puisse pareillement exercer, en toute impunité ou presque, ses propres élans belliqueux selon un usage que la société réprouve. Et pas un sport où l'on puisse, tout uniment, se montrer à ce point chevaleresque, romantique, assassin…

Pepelnjack/Dejean : le regard qui tue.

Colomines version gladiateur.

Rien de tel qu'un arbitre pour prendre appui avant de décocher un coup de pied à l'adversaire. Eric Buchet en témoigne.

LE PANDÉMONIUM DE LA TOUCHE

De toutes les nouvelles règles du rugby moderne, la plus frappante – si j'ose dire –, la plus bénéfique fut sans conteste possible celle de la touche. La touche, jusqu'en 1997, figurait un pandémonium impayable où les joueurs des deux camps se jetaient les uns sur les autres, « prenaient le couloir » comme on prend la tangente, prétendaient au « métier » en usant de tous les subterfuges, chienneries, abominations pour empêcher l'adversaire de sauter à la balle. De telle sorte que cette phase de « renvoi », de « lancement de jeu », n'était rien d'autre qu'un combat de tranchées, une fournaise supplémentaire, d'où les « bons ballons d'attaque » n'émergeaient qu'au compte-gouttes. Je revois, devant moi, des piliers se ruer tête la première sur les sauteurs adverses pour les empêcher de s'élancer vers les airs. Je garde le souvenir de ce deuxième ligne – et comme on riait alors de son « savoir-faire » ! – marcher sur les pieds du sauteur adverse au moment où ce dernier fléchissait ses jambes pour prendre son élan. Le même faisait virevolter le sauteur en extension, d'un simple mouvement du bras. Il agrippait le short ou le maillot de son adversaire et, d'un mouvement tournant, orientait la retombée du sauteur comme on le ferait d'une toupie. Il arrivait encore que les packs soient à ce point serrés l'un contre l'autre, les joueurs tétanisés à l'idée d'empêcher l'adversaire de prendre le meilleur, que personne n'arrivait à sauter. Et c'était là un bal improbable de bras et de mains, de visages tuméfiés, que l'on voyait s'élever et disparaître, le ballon emporté au dernier moment, dévié vers un camp, dans un grand fracas de corps entrelacés, de souffles tout-puissants. Dans le grand tohu-bohu des choses à ne pas faire, des coups défendus, les Lourdais de l'époque florissante des Prat, Martine, Barthe et compagnie avaient inventé la « roulotte », tactique sauvage qui consistait à passer sous les jambes du sauteur adverse pour non seulement le déstabiliser, mais l'emporter comme fétu de paille vers une chute lourde, éminemment dangereuse : le sauteur retombant presque toujours sur la nuque ou le dos. Ah oui ! Le rugby de papa était sauvage !

Dans les années 1980, pour espérer rendre cette phase de conquête de la balle plus claire et précise, est venue la mode des *peel-off*. Il s'agissait pour un avant (généralement le pilier le plus coureur que l'on plaçait en premier relayeur) de venir recueillir cette balle si chèrement acquise dans le conglomérat de la touche. Sa course longitudinale le long du couloir extérieur se stoppait net à l'endroit où la balle était supposée arriver. Mais ici plus qu'ailleurs, aucune garantie ne lui était offerte. Le ballon pouvait atterrir mollement dans ses mains, comme le fusiller d'un éclat, ou l'obliger à courir éperdument sur les côtés ou en arrière, selon la façon dont il avait été capté d'abord, dévié ensuite. Les Biterrois de l'ère Barrière avaient improvisé les premiers une autre stratégie dont Jacques Fouroux, plus tard, ferait son miel avec l'équipe de France : il s'agissait de faire lancer le ballon par le demi de mêlée et de remplacer celui-ci par le talonneur de l'équipe, plus robuste et plus à même de supporter les chocs où conduisaient inévitablement ces conquêtes approximatives – des joueurs s'infiltrant dans le mur de la touche, disputant la balle jusque dans les pieds et les mains du joueur ayant réceptionné le ballon. Fouroux avait même cru bon de doubler la sécurité en lançant un pilier en peel-off, tout en prévoyant la présence du talonneur au cul de son paquet.

C'est que la touche, on l'aura compris, était un pourrissoir indescriptible que les nouvelles règles ont modifié du tout au tout. Il est aujourd'hui permis de lancer le jeu à partir d'elles et de tactiquement prévoir vers quoi elles vont déboucher. Et s'il y a bien une phase de jeu qui ne répond à aucune nostalgie, c'est bien celle-là. Le jeu de rugby a fait un pas considérable vers la clarté, en redonnant à cette phase initialement louable ses lettres de noblesse grâce à une réglementation adaptée.

Jeu de mains, jeu de vilains.

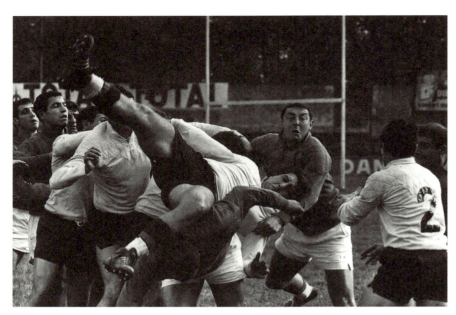
On appelle ça une « roulotte » et le Toulousain Garrigues en fait les frais.

Ballet de mains pour une conquête en touche.

Champ prend le meilleur sur Calder.

Concert de mains pour une balle.

Tu sais où elle est, toi, la balle ?

France-Galles. Mêlée parfaite.

Le pack France de Philippe Dintrans avant l'abordage.

La mêlée qui durait des heures

Je ne crois pas un mot du cliché qui voudrait que les mêlées actuelles – rythmées, rapides, monolithiques – demandent moins de technique individuelle aux piliers d'aujourd'hui qu'elles n'en supposaient chez leurs prédécesseurs, au prétexte que les mêlées d'antan duraient des heures. Basses, portées par un effort collectif surhumain, des liaisons rapides, une concentration extrême, une stratégie souvent élaborée (mêlées tournées, poussées en crabe, rouéries diverses), les mêlées d'aujourd'hui supposent une force collective et un travail d'approche que le rugby de papa était loin d'appréhender.

Je ne voudrais pas, chemin faisant, ranimer une polémique qui me vaudrait un courrier fiévreux, urticant, duquel je ne sortirais pas indemne. Au reste, mon propos n'est pas là. Je voudrais seulement, avec toute l'admiration et le respect que j'ai toujours voués à ces hommes de l'ombre, porter le regard le plus objectif possible sur les mêlées d'hier et les piliers qui leur donnaient forme.

Un peu d'histoire, peut-être : de 1960 à 1980, les mêlées attaquées à la hache apparaissent de prime abord disloquées – deuxième et troisième ligne se liant entre elles après que les premières lignes sont le plus souvent entrées en contact avec leur adversaire. Et si les entrées sont rudes, violentes, « au casque » disait-on quand j'étais enfant – par quoi il fallait comprendre que les piliers se défiaient tête contre tête sur chaque introduction et prenaient parfois, pour ce faire, un élan démesuré de nature à accentuer la vitesse de l'impact –, on ne saurait dire qu'ensuite elles furent âprement disputées. N'étaient les piliers qui bataillaient entre eux pour « effacer » une épaule, passer sous leur rival de manière à pouvoir le repousser par une flexion adaptée de bas en haut, et asseoir *in fine* leur suprématie, le combat était plus individuel que collectif. Il est pareillement frappant de voir à quel point les mêlées étaient hautes par opposition à aujourd'hui. Lors du fameux France-Afrique du Sud de 1961 qui fit couler tant d'encre, on voit Domenech et Roques, les deux piliers français, se tenir quasiment debout en mêlée, ne baissant jamais que le buste pour se positionner de manière convenable. Il en va ainsi de certains matchs du Tournoi des années 1970, où Iraçabal, Azarete, Vaquerin, dont la réputation n'est pourtant pas à faire, œuvraient dans des conditions qui apparaissent bien faciles aux piliers actuels. Injuste ? Probablement. Parce que je ne doute pas une seconde que les Roques, Gruarin, Iraçabal, Vaquerin et compagnie seraient toujours, s'ils avaient vingt ans aujourd'hui, des piliers de première force. Il n'empêche ! Le jeu a évolué de telle sorte que la mêlée a perdu en nombre et en temps ce qu'elle a gagné en intensité. On dénombrait de trente à quarante mêlées par match dans les années 1970, quand on en compte une petite quinzaine aujourd'hui. Une mêlée, dans son exécution, durait une minute et plus, quand elle se joue désormais en trente secondes. Et encore, le sabir des arbitres avant introduction recèle-t-il le plus de temps !

Techniquement enfin, je ne crois pas que les piliers de naguère aient été dotés d'un bagage plus accompli que ceux d'aujourd'hui. Je revois Pierre Dospital, formidable pilier bayonnais des années 1970-1980, évoquer pour moi, un soir, avec force détails, une technique de droitier consistant à bloquer son rival, par un mouvement tournant du bras, que « Dochpi » appelait la « clé ». Iraçabal, son maître ès mêlée, en avait fait, me disait-il, son arme absolue et lui avait passé la recette comme un secret de famille. Mais tous les piliers droits, aujourd'hui, sont adeptes de cette technique et l'utilisent à foison. C'est ce que Laurent Seigne appelle « fermer son adversaire ». Elle n'a rien perdu de sa force, mais entre désormais dans une panoplie plus élargie.

Un pilier qui
« monte » sous la
pression adverse.
Image de toujours.

RUGBY À 8

Longtemps, les matchs des écoles de rugby (poussins, benjamins, minimes) se jouaient à huit contre huit. Le raffut y était interdit et les regroupements de joueurs (ce que les éducateurs d'aujourd'hui appellent la « grappe ») vivement déconseillés. Les éducateurs de l'époque préconisaient d'étendre les joueurs sur une ligne parallèle, nous poussant à nous positionner en conséquence, de manière à favoriser le jeu de passes, l'évitement, la feinte, à un stade et à un âge où les contacts trop violents ne sont pas recommandés.

Les mêlées, en revanche, y étaient disputées, poussées, à trois contre trois (deux piliers, un deuxième ligne), tout comme la touche qui donnait déjà lieu à des stratégies adaptées. Les entraînements de mon enfance, de ce point de vue, étaient réglés comme du papier à musique : on y faisait des passes, un long moment, comme un pianiste fourbit ses gammes, selon des positions et des vitesses adaptées, mais le plus souvent par vague de trois ou quatre joueurs et il s'agissait alors de favoriser la précision de la passe, l'« attaque » de la balle, le service « sur un pas », le mouvement du bras ou du poignet supposé porter le ballon vers l'autre sans amplitude excessive. Après quoi, l'entraînement se muait en une rencontre toute simple entre gamins d'un même âge. Et ces matchs qui nous passionnaient — on s'arrêtait, de loin en loin, pour aller boire — ne duraient jamais assez à notre goût, quand à la vérité nous passions près de deux heures sur le terrain… Mais quel bonheur c'était ! Et quelle simplicité dans la mise en scène !

Le dimanche, nous jouions à huit contre huit, sur des moitiés de terrain et c'était là, me semble-t-il, la proportion idéale pour que chaque partenaire y trouve son compte de plaisir. Aucun ailier, comme lors des rencontres à quinze disputées à ces âges-là, n'y était sevré de balles. Aucun pilier n'était requis que pour y disputer des touches et des mêlées. Un savant brassage s'y faisait que favorisait cette consigne essentielle, depuis oubliée, qui consistait à se répartir équitablement sur le terrain et à ne pas s'agglutiner comme des mouches autour du porteur de la balle.

Or, je déplore aujourd'hui de constater que trop d'entraînements d'école de rugby suintent l'ennui. J'enrageais hier encore, en amenant mes fils au bord des stades, de voir par comparaison le contenu des entraînements qu'on leur proposait. Les passes y étaient proscrites. Toutes notions d'évitement battues en brèche par le pouvoir absolu du combat. Les échauffements donnaient lieu à des gestes incompréhensibles à l'entendement d'un gamin de dix ans (protection en touche, soutien d'un joueur allant à la percussion), et les matchs, le plus souvent, se résumaient à des conglomérats de gosses (la fameuse grappe) agglutinés les uns sur les autres à des fins improbables. Ici, je l'avoue, la rhétorique enseignante m'a toujours parue suspecte et le dogmatisme des méthodes – cette prétention soudaine, qui change selon les époques, de détenir la vérité et de l'imposer à tous – me hérisse au plus haut point. Aujourd'hui, le pouvoir absolu donné au combat, à la toute-puissance physique, qui se double d'un enseignement par méthode globale poussé à son paroxysme, composent un panaché qui me semble inepte. Il ne favorise en rien l'alternance entre toutes les formes de jeu et n'autorise jamais ces arrêts sur image, ces explications de texte, voire – oh scandale ! – ces répétitions de geste, par où comprendre parfois et améliorer ce qui peut l'être. Pis, un terrorisme intellectuel s'est greffé là-dessus qui a décrété obsolète toute tentative pédagogique antérieure. De sorte que non seulement on est passé d'un extrême à l'autre, mais en bon Français, on vitupère et méprise ce qui se faisait aux générations passées. Et comme souvent, le débat est interdit ! Toute discussion, proscrite.

Mon propos que d'aucuns jugeront pompeusement réactionnaire n'a pourtant d'autre prétention que de rappeler les bienfaits de l'apprentissage du rugby par le « 8 », à une époque et dans un lieu où le jeu de passes, où le rugby d'évitement valaient, en temps d'apprentissage, comme seul dogme du combat. Mais de quoi je me mêle…

PORTRAITS

JEAN TRILLO
Le contemporain capital

« À mon âge, je sais désormais que tout est inutile. » Il est là, tout entier recentré derrière une de ces formules dont il a le secret. Tour à tour boutefeux, iconoclaste, pédagogue, drôle, passionné, redoutablement intelligent, immense ou fragile, Jean Trillo joue de mille contradictions comme d'autant de richesses. L'ermite du Barp, dans la banlieue bordelaise, le dispute en lui au professeur d'université de l'IUT de Bordeaux, à l'ancien international épris d'idéal, à l'homme d'affaires de jadis si soucieux de rembourser l'argent qu'il devait à une banque qu'elle cessa sur-le-champ de lui faire crédit, à l'entraîneur des Bleus, au joggeur des petits matins, au père de famille. Il aura tout essayé, tout vécu, tout espéré, tout décortiqué, jusqu'à composer de lui le portrait d'un homme contrasté, multiforme, viscéralement attaché à quelques principes, mais ouvert à tous les possibles.

C'est qu'il est difficile de faire le tri chez un homme qui ne cesse de questionner chaque instant, qui a fondé son existence sur l'absence d'illusions idéologiques ou religieuses et pratique, depuis toujours, un hédonisme désabusé. C'est que cet enseignant vomit la prétention des siens au savoir, leur méconnaissance du milieu privé et « l'assurance avec laquelle, dit-il, ils abreuvent parfois les élèves de pseudo-vérités à des années-lumière de la réalité tangible du terrain ». L'entraîneur qu'il a été se refuse pareillement au diktat de la pensée toute faite, aux écoles de jeu d'où qu'elles viennent et aurait aimé passer tout son temps à détruire les concepts plutôt qu'à se colleter avec les tours de terrain qui l'ont toujours laissé de marbre.

Le joueur, tout aussi excessif, ne jurait que par Maurice Prat, André Boniface et rêvait d'un rugby parfait, tout entier tourné sur l'attaque – même s'il fut un redoutable défenseur. Passionné jusqu'à passer des heures à décortiquer le jeu, ses nuances et ses principes, Jean Trillo était un esprit libre qui refusa un jour une sélection en équipe de France au prétexte qu'il n'était pas associé à Jo Maso, auprès duquel il pensait pouvoir porter très loin cet idéal de jeu. La morale, mauvaise fille, voulut que son associé au centre se blessât, que Jo Maso fût appelé et qu'il acceptât sa sélection. Mais *basta* ! Jean n'était pas rancunier et plaçait son amour du jeu au-dessus de toute contingence. C'est si vrai qu'au terme d'un match du Tournoi particulièrement enlevé et d'une nuit de fête au diapason, Jean et Jo décidèrent de jouer ensemble coûte que coûte. Jo faisant valoir ses difficultés à se déplacer, à changer de région, Jean rétorqua qu'il était prêt à tout lâcher pour le rejoindre. Ce qui fut fait, avec femme, enfants et bagages, au plus chaud de l'été. Mais si Jo n'avait rien oublié, il n'avait rien prévu non plus et prétexta – ce qui n'était peut-être pas faux – que Walter Spanghero, alors capitaine du RC Narbonne et maître Pech de la Clauze, leur président, étaient inquiets à l'idée de lancer au cœur de l'attaque narbonnaise la paire de centre mythique du XV de France. Jean s'en retourna donc à Bègles, le cœur un peu lourd de n'avoir pas trouvé un frère à sa passion, un défenseur à sa cause.

Imaginerait-on cela aujourd'hui ? Une personnalité assez forte, un être ayant une idée assez haute du jeu, qu'il puisse refuser une sélection en équipe de France au prétexte de n'être pas associé au joueur qu'il souhaite ? Poser la question, c'est évidemment y répondre. Mais Jean Trillo, ce « contemporain capital », pèse sur le paysage de ce jeu d'un poids d'humour et de réflexion considérable. N'est pas, au reste, capitaine puis entraîneur du XV de France qui veut. Mais l'essentiel est peut-être ici : il honore le jeu de rugby, à travers le temps, de sa singularité. Sa vie est un songe, une quête jamais assouvie, dont il arrive que l'on perde la trace à travers les affres de l'interrogation, les cuites collégiales en forme d'abandon, les professions multiples, la jeunesse éternelle, l'ascèse des footings quotidiens, les accents de la maturité. Il y a chez ce chercheur aux semelles de vent une forme de mélancolie virile, de romantisme impatient, d'intelligence sourde, de tendresse bourrue. Gouttes d'eau fraîche sur pierres brûlantes.

Jean Trillo, entraîneur du XV de France avec Blanco, Mesnel, Sella.

Ici, dans ses œuvres sous le maillot de Mérignac.

Trillo se joue de Darrouy devant Crauste, Hiquet, Dauga et Rupert.

Jean Trillo sous le maillot de l'équipe de France.

Patrick Nadal, un port de torero.

Patrick NADAL
Le culte esthétique

Il dit : « J'ai aimé le rugby en regardant jouer André Boniface. Je le trouvais beau, délié. Ses gestes étaient superbes. L'enfant que j'étais s'est imprégné de ses attitudes, du mouvement qu'il donnait à ses actions. Je crois que j'ai tout appris du peu que je sais à ce moment-là, par mimétisme, identification. Plus tard, à l'adolescence, j'ai éprouvé un plaisir similaire à voir jouer Jo Maso. André était plus animal que Jo, plus athlète. Il courait très vite et dégageait une puissance phénoménale. Jo, c'était l'esthétisme même. Une grâce l'habitait. La première fois que je l'ai vu jouer, personne ne le connaissait, mais j'ai tout de suite était séduit. Il portait une lumière en lui. »

En quelques phrases superbes, Patrick Nadal vient de résumer ce qui fut, sans doute, toute sa vie durant, sa quête et son Graal : le souci du beau, le culte esthétique. On ne bâtit pas impunément un jardin toscan sur les hauteurs de Bayonne à presque soixante-ans – après en avoir pesé tous les détails, acheté un par un chaque arbre et chaque plante – dans le juste sillage d'un hôtel superbe créé de toute pièce par Jeanine, sa femme, et lui-même, selon un goût très sûr, une originalité avérée, sans être habité par une nécessité créative où la recherche du beau tient lieu de fil rouge.

Le portrait qu'il dresse de ses aînés, Patrick Nadal pourrait d'ailleurs se l'attribuer à lui-même. Pas plus élégant, hiératique, romantique que lui sur les terrains de ce jeu. C'était un bonheur de le voir jouer et je sais des aficionados qui n'allaient à Mont-de-Marsan que pour lui. Son art empruntait à la corrida une forme de suavité, d'élégance stricte. Las, cet épicurien avéré avait le goût prononcé de la prouesse, mais la rage de réussir lui était étrangère. De sorte qu'il ne fut jamais international, au grand dam de tous les puristes qui continuent de voir là l'une des injustices les plus criantes du siècle dernier. Parce que Patrick n'était pas seulement beau à voir jouer, il était aussi, n'en déplaise à tous les besogneux de la terre, terriblement efficace. Je l'ai vu faire gagner des matchs à lui tout seul par des percées d'école, des cadrages débordements à distance, des décalages où entrait toute la part d'éducation rugbystique qui avait été la sienne, des embardées furieuses qu'un physique hors norme lui autorisait. Mais ne lui parlez pas de puissance et à peine d'explosivité. J'ai toujours pensé qu'il tenait pour triviales toutes les tentatives forcenées de certains trois-quarts centre à percer le mur des défenses adverses par des charges d'aurochs. Pour Patrick, tout était dans la nuance, l'esquive, la technique parfaite, le port de tête, le buste haut et une parfaite dissociation jambes-tronc qui laissait croire, semblable à une bille de mercure, qu'il allait là, quand on le trouvait ici.

Son commerce oblige, il ne dira pas que le jeu actuel l'ennuie, qui accorde si peu de place à l'esthétisme pur, à la poésie d'un geste. « C'est le reflet de la société, regrette-t-il. On est dans l'efficacité immédiate, dans le profit à tout crin. Plus personne ne prend le temps de regarder, de goûter, d'apprécier. Alors, le souci d'un geste libre, élégant... »

Parfois, un mouvement l'arrête, dont il fait son miel. Dan Carter et Richard McCaw ont ses préférences avec Juan Martin Hernandez. Il déplore en sourdine que pas un Français n'ait su ou voulu faire perdurer cette école de jeu où la beauté de la course et le souci de l'élégance avait partie liée avec une quête collective, un désir d'efficacité. En France, Didier Codorniou, Éric Bonneval et Denis Charvet furent les derniers représentants de cette caste singulière. Mais c'était dans les années 1980. Il y a trente ans. Une éternité.

Patrick Nadal à la relance…

Nadal perce sous le regard de son mentor André Boniface.

Service parfait pour un décalage en bout de ligne.

ANDRÉ BONIFACE
Du rugby comme un art

De tous les rugbymen de son âge encore en course, il est le plus jeune, le plus fringant, le plus au fait sans doute des choses de ce jeu. Rien ne lui échappe à soixante-quinze ans déjà sonnés : ni les matchs (il les voit tous), ni les faiblesses techniques des uns ou des autres, ni le manque de caractère de tel ou tel joueur dont il aurait aimé qu'il devienne un chef, un rassembleur et qui le déçoit à proportion. Au vrai, sa passion est intacte, comme l'est son amour de l'attaque, son obsession du geste juste, gracieux. Il peut, de la sorte, passer quatre-vingts minutes devant une daube dans le seul espoir que soudain se lève un mouvement, une petite flamme. « Le rugby a considérablement changé, me dit-il, et en même temps il est resté le même. Un gars qui relance, qui prend une initiative et les autres qui se mettent au diapason ; un décalage en bout de ligne ; un départ de la troisième ligne ; l'anticipation des choses : tout est figé, tout est pareil. »

D'où la patience inouïe qui l'habite désormais devant des rencontres sur lesquelles d'autres ne font que passer et qui, probablement, l'auraient fait hurler il y a seulement quelques années. Mais ce prince de l'attaque que fut l'aîné des « Boni » a appris la sagesse, la compassion, l'empathie, même s'il continue de porter par-devers lui une forme d'élégance intellectuelle qui lui interdit de déroger sur certains principes qui ne sont plus seulement sportifs mais éthiques. Ainsi du refus de jouer « petit bras » ; du refus de se mesurer à l'adversaire ; de la nécessité de prendre des initiatives ; de la nécessité d'instiller de l'exigence et

André Boniface au service.
Le geste, comme toujours,
semble parfait.

du courage dans la stratégie offensive et pas seulement dans le combat ; de la nécessité de mettre en place un style de jeu qui soit une référence absolue, un principe de vie. Excessif ? André n'a jamais prétendu à la facilité et ne s'est jamais contenté du tout-venant. Il a même, joueur, tout sacrifié à ses croyances. Il s'entraînait quotidiennement à une époque où cela semblait irréaliste, s'est interdit la consommation de viande rouge, d'alcool et a fait de sa vie une ascèse au service de sa passion. C'est que pour lui, le rugby, qu'il aimerait voir jouer en musique – « je rêvais d'entraîner mes joueurs au son du *Nabucco* de Verdi » –, doit confiner à l'art ou ne pas être. Un fou, alors ? Oui, mais un fou magnifique, d'une tranquille sérénité, d'une verdeur incroyable, porteur d'un idéal de jeu à propos duquel il n'aura jamais transigé.

Pour le reste, on connaît… La formidable impression laissée par son frère Guy et par lui sur le Tout-Paris des années 1960. L'amitié des Blondin, des Lalanne, d'Anouck Aimée, de Pierre Barouh, de Guy Savoy, des cinéastes, des écrivains, des capitaines d'industrie. Si le rugby est beau, il a le visage des Boni. Et le rugby des années Couderc doit justement beaucoup à l'avènement de cette paire de centres exceptionnelle cornaquée par Jean Prat, au service d'un pack en or massif : Michel Crauste, André Herrero, Walter Spanghero, Benoît Dauga, Aldo Gruarin, etc.

Et puis le drame : la mort de Guy, le 1er janvier 1968, dans un accident de la route. Comme James Dean, Albert Camus, Roger Nimier, Jean-René Huguenin, le formidable auteur de *La Côte sauvage*… L'immense chagrin d'André qui ne s'en remettra jamais tout à fait. Son désir de ne plus jouer, ou seulement un an et à l'ouverture, au service d'une jeune classe pleine d'allégresse (Nadal, Jouglen, Castaignède) qu'il mènera en quart de finale du championnat de France.

Sa vie est un songe, un roman où les rebondissements abondent et les rencontres. Le voici Barbarian, porteur d'une autre éthique ressemblant en bien des points à la sienne, aux côtés des Jean-Pierre Rives, Serge Blanco, Serge Kampf. Le voici chroniqueur au *Midi Olympique*, écrivain pour les éditions de La Table Ronde. Il promène sur tout et sur tous ce visage grave, magnifique qui laisse augurer une jeunesse éternelle. Lui aussi trancherait dans le milieu professionnel actuel avec son idéal en écharpe, sa force de conviction, son refus des compromissions. Jouerait-il au plus haut niveau ? « Sans l'ombre d'un doute, me dit Patrick Nadal. André, avant d'être le technicien perfectionniste que l'on sait, était un athlète, très rapide, très puissant, très costaud. Je crois même qu'il en enrhumerait beaucoup par les temps qui courent… » Et peut-être que le professionnalisme, justement, n'aurait besoin que de ça : un passionné de sa sorte, plus polémiste que bénisseur, qui se ferait du jeu de rugby une idée très haute…

André Boniface dans son costume d'entraîneur. On n'est pas plus élégant.

André Boniface sous les couleurs de Mont-de-Marsan.

Les Boni à l'attaque. Guy allume l'offensive, André est au soutien.

JACQUES FOUROUX
Une idée par seconde

Il fut de toutes les guerres, de toutes les obsessions, de tous les vertiges. Joueur, il avait cornaqué comme personne le pack monolithique du deuxième grand chelem de l'histoire : celui de 1977 ! Blessé, il tenait bon sous la mitraille. Payait d'exemple. Haranguait ses hommes. Créait une bulle autour d'eux, après avoir converti à sa religion les « gros manteaux » de la FFR. Du haut de ses 1,69 mètre, il n'avait peur de rien ni de personne. Napoléon, version rugby amateur. Son influence sur ses grognards de l'avant était d'ailleurs de nature psychologique. Il les transcendait. « Jacques nous faisait monter au rideau », me dit un jour Jean-François Imbernon, deuxième ligne de son état et soldat de fer. Il renouvela l'expérience comme entraîneur des Bleus avec le bonheur relatif que l'on sait dans les années 1980 : deux grands chelems (1981, 1987), une finale de coupe du monde. Bonheur relatif ? Oui, quand même. Parce que si Jacques Fouroux fut un meneur d'hommes incomparable, il ne sut pas toujours tirer le meilleur de ses équipes par obstination, aveuglement, esprit de contradiction. Pour lui, les hommes passaient avant le jeu, le combat avant la passe, l'émotion avant la théorie.

Hâbleur, crêté, séducteur, toujours prêt à en découdre, il déclencha autour de son nom plus de polémique qu'il n'est concevable. Joueur, on l'opposa à Astre, son juste contraire. Entraîneur à Villepreux, pour deux conceptions diamétralement opposées du jeu de rugby. Mais il n'aimait rien tant que de pouvoir passer des nuits entières à ferrailler sur des arguties. Son énergie, son enthousiasme, sa faculté à rester éveillé au sens propre des nuits entières avaient raison de ses détracteurs. Il maniait le verbe en véritable orateur et mâchait les mots avec ce plaisir gourmand que l'on voit aux avocats bien nés. Il était d'ailleurs le roi de la périphrase, du jeu de mots assassin, du raccourci saisissant, de la boutade bienvenue, de la repartie fulgurante, de la blague à deux balles. Il faisait son marché de tout et ne se lassait jamais. Je l'avoue volontiers, personne ne m'a fait rire comme lui dans ce milieu et son humour était contagieux. Moitié De Funès (et l'on riait à gorge déployée de ses rodomontades, histoires anciennes, imitations désopilantes), moitié Sacha Guitry (il distillait ses piques avec toute la distance nécessaire), Jacques était un spectacle à lui tout seul.

Je le revois encore face à cette femme d'une trentaine d'années, à la beauté solaire, qui évoquait devant nous je ne sais plus quel sujet très sérieux et entendait trouver, disait-elle, un compromis. Jacques, avec un sourire tendre qui décourageait toute vulgarité, lui rétorqua alors à brûle-pourpoint, avec cet art de la repartie qui est un don : « Oui, mais compromis… chose due, chère madame. » La dame en question mit deux secondes à comprendre, puis son visage s'empourpra et elle finit par rire à son tour.

Jacques avait une idée par seconde et il arrivait qu'il se perde en digressions. N'empêche ! Il avait dix fois plus de solutions à proposer, d'arguments à faire valoir, de projets et d'intelligence que tous les dirigeants de la Fédération française de rugby réunis sur trois générations. Pour cela il fut adoubé, admiré, puis détesté, avant d'être voué aux gémonies. J'ai vu des hommes qui, deux ans auparavant, marchaient dans son sillage avec une veulerie pitoyable, le dézinguer avec une aversion mauvaise. Tous les coups furent permis et il les essuya comme il put. On oublie trop de dire que ce boute-en-train génial, qu'une disposition irrésistible à la provocation et à la dérision conduisit à se faire des ennemis comme un *lovelace* professionnel des maîtresses, déplorait des souffrances inavouées, le poids lourd de l'enfance.

Mort beaucoup trop jeune d'un arrêt cardiaque, il arrive qu'il me manque. Il était le parangon même du rugby amateur : celui qui court d'une profession à une distraction qui tient lieu de passion. Il en riait. Quand justement plus personne ne rit, aujourd'hui…

Jacques Fouroux
tel qu'en lui-même,
à la tête des Bleus,
la rage au cœur,
ou encore à l'abordage
avec Skrela et Guilbert
au soutien.

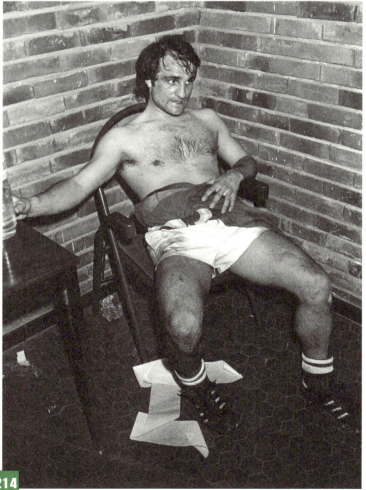

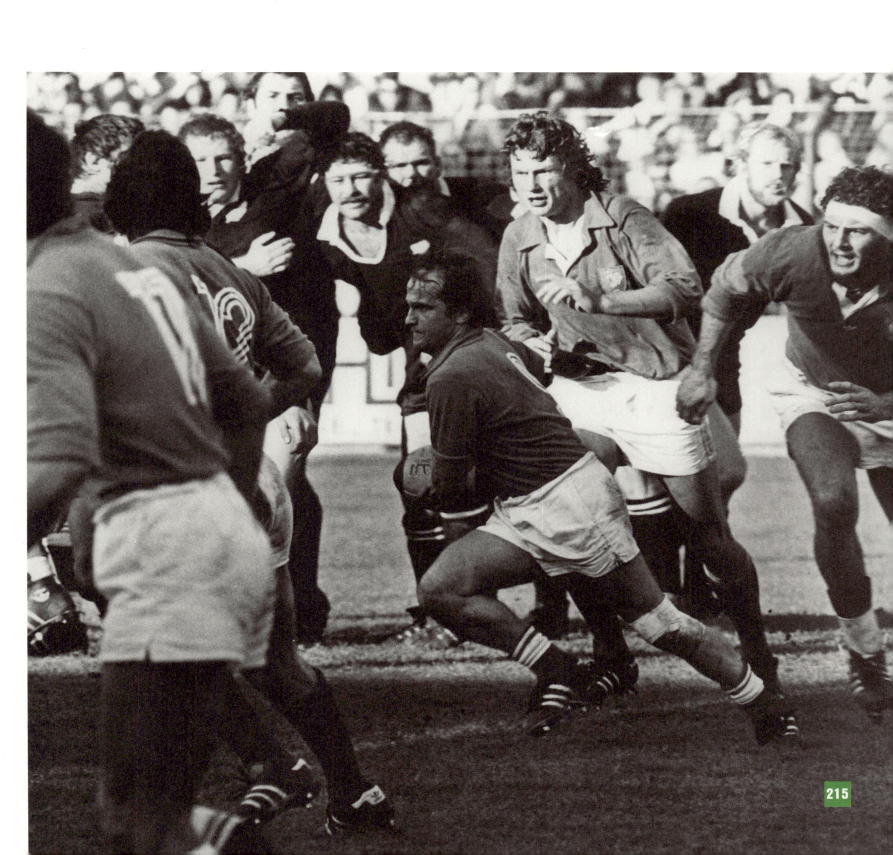

Lutteur ou passeur, avec Auch comme avec le XV de France.

Le nez cassé comme contre l'Écosse en 1977. Mais plutôt mourir que de devenir raisonnable…

JEAN-PIERRE RIVES
Ce fier paradoxe

Il promène par-devers lui une touche artistique qui n'a jamais cessé de m'émouvoir. Je le revois dans cet atelier parisien dont il avait fait un appartement à sa démesure, grillant cigarette sur cigarette, s'enivrant de café qu'il buvait par tasses entières, en proie à toutes sortes de réflexion sur la vie et « ces professions délirantes », célébrées par Paul Valery et qu'il a fait siennes. L'art, la sculpture ! Pourquoi sculpte-t-il ? Pour combler quel manque ? Sacrifier à quelle nécessité ? Une épaule éternellement déjetée sur le côté, l'œil plissé d'affleurements impayables, Jean-Pierre égrenait pour moi toutes les bonnes raisons qui l'avaient poussé, un jour, à quitter le dur et le solide de la vie pour épouser ce sortilège. « Des journées entières à sculpter, à brasser de la matière, à tordre du fer, pour simplement avoir une meilleure idée de moi-même. »

Après le bac, il s'était essayé à des études de médecine. Puis avait dévié vers le droit dans le but, parfaitement hypothétique le connaissant, de devenir huissier de justice. Le rugby l'ayant rattrapé par la manche, il devint, comme on sacrifie à la mode du temps, *public relation* pour la maison Pernod. Il participait à des cocktails, lui qui ne boit jamais une goutte d'alcool, présidait à des inaugurations, prononçait des discours auxquels il ne croyait pas et s'ennuyait ferme. Un jour, pourtant, il croisa la route de celui qui allait devenir son maître et son modèle, Albert Féraud, et ne désespéra plus de l'existence. Il serait sculpteur comme on se fait moine, à temps plein, dissimulant ses angoisses derrière des barres de fer et se moquant comme d'une guigne des petites vanités sociales de ceux qui craignent de manquer le dernier train Corail de la modernité.

Jean-Pierre Rives sonne la charge contre l'Australie. Ralliez-vous à son panache blond.

La cinquantaine venue, comme il n'a jamais rien fait comme personne, il devint père de famille et exerce depuis cet art si différent avec la même passion muette, la même intensité sourde qu'il avait mis, naguère, à devenir sculpteur.

Auparavant – il vous en souvient, peut-être –, il avait été ce joueur formidable que Roger Couderc avait baptisé « Casque d'or », dont s'étaient emmourachés la plupart des journalistes et des écrivains appelés à rendre compte de ce jeu et qui poussait là encore le paradoxe, lui l'artiste de la ville, le garçon de bonne famille dont la politesse, l'effacement et le goût des formules fascinaient, à faire assaut de bravoure sur les terrains. En cela, il ressemblait aux meilleurs sujets de la bonne société britannique et fut du reste adoubé comme personne par les Anglais qui voyaient encore, dans sa blondeur et son teint de lait, l'un des leurs. Quel combattant fut Jean-Pierre ! Et comme cette capacité, chez lui à se battre sur chaque ballon, à multiplier les plaquages, à courir sans relâche, semblait contradictoire et même incongrue.

« C'est que vous ne cernez pas bien la personnalité de Jean-Pierre, me dit un jour "Lolo" Pardo, ancien ailier du XV de France et ami de Jean-Pierre. Il n'y a pas plus batailleur que lui. Jouer au tennis ou au squash contre lui ne relève pas d'une sinécure. Il pique des colères terribles. Il serait prêt à se battre pour gagner. »

Et c'est tout le paradoxe de cet être multiforme, fascinant à force de contrastes marqués, qui refusait de son temps de jouer tous les matchs avec son club, oubliait la date de certaines rencontres. (« Combien de fois, me disait un jour Gérald Martinez, j'arrivais chez lui deux heures avant une rencontre et le trouvais vautré sur un canapé en train de lire ou de regarder la télé, surpris d'apprendre qu'un match de championnat l'attendait. "Ah bon, me disait-il, je croyais que l'on jouait demain !" ») Lequel pourrait difficilement se faire au régime d'un professionnalisme triomphant qui exige de ses joueurs une présence totale vingt-quatre heures sur vingt-quatre, deux entraînements quotidiens et jusqu'à deux matchs, parfois, dans la même semaine. Plus qu'aucun autre joueur au monde, Jean-Pierre, à qui il est arrivé de disputer dix matchs dans une saison, illustre à la perfection ce que fut le rugby de bohème, ce rugby d'autrefois qui était, comme on sait, « une manière d'être ».

Avec Albert Féraud, son maître en sculpture.

Le service comme une offrande.

Aux côtés de Serge Blanco.

Jean-Pierre Rives dans son atelier.

Aux côtés de Pierre Berbizier dans les vieux vestiaires de Twickenham.

OLIVIER SAISSET
L'instit de l'Hérault

Enfant, son mode de vie me fascinait. J'avais appris à la lecture de la presse rugbystique (Robert Barran, Christian Montaignac, Georges Pastre, etc.) que ce troisième ligne aile – dont l'élégance dans la course m'avait interpellé dès la finale de 1971 – exerçait dans le civil la « noble profession d'instituteur ». Mais un instit nomade, atypique, rendu à la campagne comme d'autres à l'École normale supérieure. J'apprenais qu'il faisait la classe à huit élèves, auxquels il préparait le déjeuner, dans le petit village de Graissessac que j'imaginais aussitôt perdu sur les hauteurs, recouvert de neige aux premières lueurs de l'hiver, encapuchonné de brume, idéalement romantique. Sur les reportages qui lui étaient consacrés, on le voyait vêtu d'une blouse grise comme en portaient encore les instituteurs de l'époque, devant un tableau noir, une craie à la main, en voiture regagnant le domicile familial, ou filant vers les deux entraînements hebdomadaires de l'ASB.

À treize ans, je n'imaginais pas, pour des raisons extravagantes, existence plus belle. Olivier Saisset était-il instituteur, comme je l'espérais, par vocation enseignante, amour du grand air et de la campagne ? C'est ce que je croyais lire dans les articles qui lui étaient consacrés et ajoutait à l'admiration où j'étais devant ce troisième ligne coureur, racé, dont la présence détonait dans l'armada supérieurement armée du pack biterrois de l'époque, où culminaient les Senal, Estève, Buonomo, Vaquerin et compagnie. De ce pack qui dégageait une puissance souveraine et une cohésion parfaite, Olivier me semblait être le seul électron libre, capable d'accélérations fulgurantes, de replis avantageux. Son statut d'international lui conférant par ailleurs une aura supplémentaire.

J'écris cela et je mesure à quel point le temps a filé et combien cette évocation semblera sinon ridicule – de quel droit après tout ? – du moins incroyable à mes propres enfants qui ont tous dépassé l'âge que j'avais à l'époque. Je les entends d'ici : « Instit en haut d'une montagne ! Tu peux aussi choisir le suicide… » Je continue malgré tout d'y voir une forme de poésie où entre pour une bonne part le goût de la solitude et des grands espaces. Ils furent d'ailleurs nombreux les joueurs de la moitié du XXe siècle, à partager leur temps entre la profession d'instituteur et la passion du rugby. Je crois même me souvenir que Lucien Mias en personne enseigna dans les écoles primaires avant d'entreprendre des études de médecine. On ne pouvait d'ailleurs rêver, pour les écoles de rugby, meilleurs pourvoyeurs en joueurs que ces enseignants-là.

Olivier Saisset, pourtant, ne restera pas longtemps instituteur. Devenu conseiller technique régional auprès de la FFR, il allait faire toute sa carrière dans le rugby, jusqu'à devenir l'entraîneur que l'on sait, de Béziers à Carcassonne, de Perpignan à Clermont-Ferrand, avant de revenir à Béziers comme on retourne en enfance… Mais son expérience initiale laisse en moi une trace. Comme le sillage d'un temps magnifié, marqué par l'histoire et désormais révolu.

En finale contre Brive en 1975, Olivier Saisset
s'apprête à servir Richard Astre, sous la menace de Joinel,
les yeux de Senal et Vaquerin.

Saisset sonne la charge contre le pays de Galles.

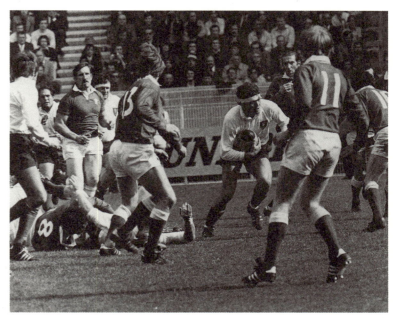

Et un trophée de plus pour l'ASB !

Olivier Saisset dans son école de Graissessac,
auprès de ses élèves.

Saisset déchire la défense de Lourdes, où se reconnaissent Hauser et Randoin.

ANDRÉ HERRERO
Ce pur héros

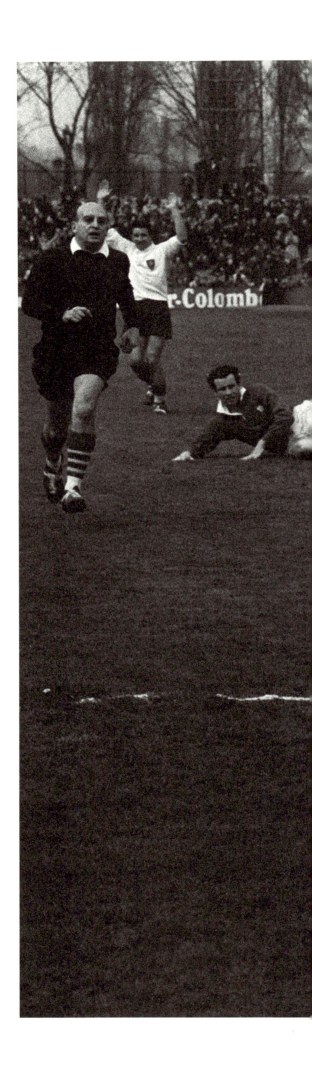

Dans la France immobile, muselée, chimérique de mes dix-sept ans, on lui prêtait des vertus extraordinaires. Une légende courait sur lui : on l'aurait entendu vilipender un dirigeant fédéral, auquel il aurait reproché les abus de pouvoir, les décisions iniques de la FFR ; rabrouer un arbitre ; faire une entrée fracassante un dimanche d'hiver sous le maillot de Nice et changer, à lui seul, la face de la rencontre ; susciter l'enthousiasme du peuple de gauche qui, à Toulon, aurait salué, debout, sa participation à un meeting politique par une standing ovation. Son nom y aurait été scandé : He-rre-ro ! He-rre-ro !

Il avait la barbe du Guevara et les yeux bleus, profonds, immenses de Steve McQueen. « C'était Chabal avant l'heure, me souffle Marcel Rufo, mais en beaucoup plus beau. » Quand il parlait, un silence s'opérait. Un jour, Éric Buchet, jeune troisième ligne international de Nice, déclara au *Midi Olympique* : « Quand je sais qu'André est là, dans les tribunes et qu'il me regarde, je n'ai plus peur. » Avec lui, autour de lui, un mythe se levait. C'était le père, le frère, l'entraîneur que nous n'avions jamais eu.

Un copain, Gérald Martinez, qui avait eu le privilège de jouer contre lui, s'était taillé un succès d'estime en racontant, un soir, devant une salle de bar fascinée, le comportement du « grand » à la faveur de ce Nice-Stade toulousain qui devait singulièrement sonner comme le dernier match d'André. « Il faisait tout, commentait Gérald. Il parlait à l'arbitre, arrêtait les actions à sa guise, commandait ses joueurs comme à l'entraînement… Et tout le monde obéissait, tout le monde était aux ordres. Même nous, ses adversaires… »

André Herrero marque ce qui fut longtemps considéré comme « l'essai du siècle », face au pays de Galles en 1965.

Devant mes copains, je croyais tirer avantage du fait qu'il m'avait fasciné tout de suite, à treize ans – j'avais donc une antériorité sur eux – le 16 mai 1971, au rythme de la finale Béziers-Toulon et de cet incident notable dans la petite histoire de ce jeu, qui vit une chaussure biterroise sécher pour le compte ce grand christ barbu d'André, soudainement allongé sur une civière, bras en croix, le visage exsangue, absent, brillant de larmes retenues… Son frère Daniel pleurait, enrageait, Jean-Claude Ballatore allait et venait. On voyait sur les visages alentour ces airs crispés, tendus, qui préfigurent tout à la fois l'abandon et la haine. Ça sentait le drame et l'injustice, le coup bas et le miracle. Car André se relevait bien sûr et engageait, à ne pas croire, un pari renversant : celui de continuer à jouer cette finale, avec deux côtes fracturées, le teint hâve, le dos voûté, les mains incessamment repliées sur les côtes…

À dix-sept ans, je ne rêvais que d'une chose : être entraîné par André ! L'aurais-je été, ma vie eût été probablement autre. Sélectionné en junior, je ne me débrouillais pas trop mal. André, avec la fascination qu'il exerçait sur moi, aurait-il décuplé mon énergie et aurait-il fait de moi le joueur que je rêvais d'être ? Le rêve n'est pas interdit, mais la vie devait me rattraper et je ne devais jamais aller à Nice. Ou plus tard, seulement, et en qualité de journaliste. Oserais-je alors l'avouer : André ne m'a jamais déçu ! Théâtral, écorché vif, bougon, bourru, de mauvaise foi, fragile même, il oppose à tous les frileux du monde une dynamique et un courage qui continuent, tant d'années après, de faire mon bonheur.

Il faut mesurer en tout cas à quel point sa présence ferait désordre, aujourd'hui, dans le monde professionnel. Un anarchiste ? Un insurgé permanent ? Un type qui, en toutes occasions et au mépris de toutes les convenances, dit son fait aux gens ? Impossible !
S'adapterait-il ? C'est évidemment probable. Mais à sa façon. « Il jouerait forcément, me dit André Boniface, son partenaire sous le maillot bleu. C'est le plus bel athlète qu'il m'ait été donné de voir et je suis sûr qu'il en remontrerait à bien des jeunes joueurs actuels. » Mais je doute pour ma part qu'il se fasse au langage de bois en vogue, aux propos policés, écœurant de conformisme, où nous renvoient, désormais, trop d'interviews. Manager du XV de France, il aura à cet égard tenu un mois « dans ce monde de faux-culs et d'apparence », avant de présenter sa démission, quand d'autres en auront fait une vie…

Affaire de caractère, dit-on. Être de virulence et de feu, André Herrero n'avait pas, précisément, l'échine très souple.

Finale 1971. Séché pour le compte par une godasse biterroise, André Herrero, appelle ce jour là, les figures mêmes de l'héroïsme.

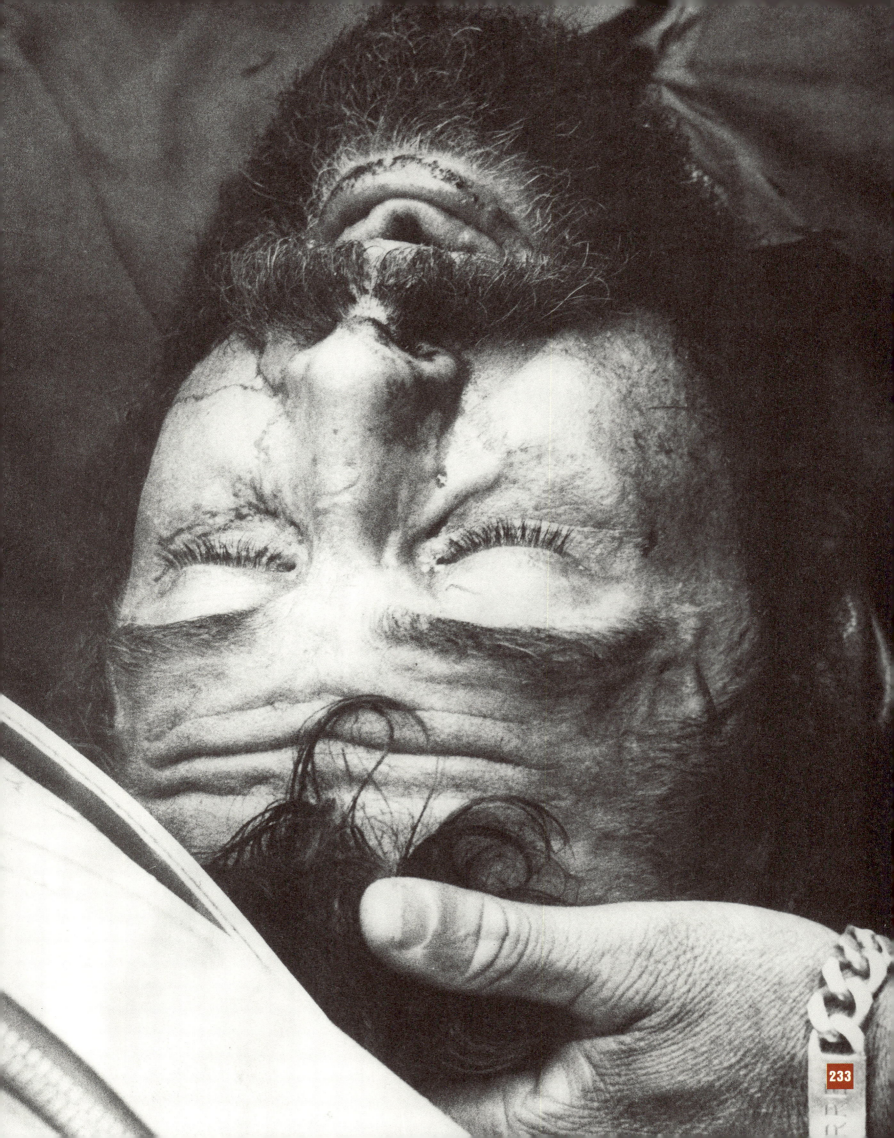

Départ au ras de la mêlée de l'aîné des Herrero, soutenu par Michel Crauste et Jos Rupert, à Cardiff en 1966.

VINCENT MOSCATO
Une leçon de courage

Il ne faut jamais se fier aux apparences. D'aucuns le voudraient petit, râblé, méchant comme une teigne, populiste jusqu'à tenter de récupérer tous les auditeurs de la terre, le soir venu, sur les ondes de RMC à grands coups de démagogie. Tout ressort, alors, de la bouche des malfaisants : son expulsion un jour de 1992, sous le maillot de l'équipe de France contre l'Angleterre, sa tête de Rapetou, si facilement identifiable à quelque extrémiste de droite, lors de la finale disputée par Bègles en 1991, ses matchs de boxe (faut-il être brindezingue !), ses premiers rôles au cinéma, sortes de caricature de benêts en mouvement.

Il ne faut jamais se fier aux apparences. Je ne sais pas plus adorable, compréhensif, drôle, ouvert, sensible, que Vincent ! Pas plus courageux aussi, et de cette sorte de courage qui en impose.

Courage physique : sait-on ce que c'est que de monter sur un ring, que de disputer plusieurs matchs officiels face aux meilleurs de sa catégorie ; d'aller défier les Toulonnais comme il le fit – lui, plus encore que les autres – dans un stade Mayol chauffé à blanc, un jour de mai 1991 ; de se colleter, semaine après semaine, avec les joueurs les plus roués, les plus forts du championnat de France ; de devenir pilier pour les besoins de la cause, sans jamais moufter, au point de jouer indifféremment à droite et à gauche ?

Courage intellectuel : mesure-t-on ce que cela représente que d'animer tous les soirs, pendant deux heures, une émission de radio qui réunit plus de 800 000 auditeurs ; que de monter sur les planches d'un théâtre parisien et de jouer, une année durant, devant une salle comble, sans être passé par le cours

Percée de Vincent Moscato lors de la finale gagnée par Bègles contre Toulouse en 1991.

Florent, le conservatoire, les lieux obligés de la scène parisienne ; que d'emprunter des rôles au cinéma, quand on traîne à jamais par-devers soi un peu de la boue de Gaillac, une enfance difficile, une réputation infondée de dur à cuire écervelé ? Et encore ! Je saute là les étapes. Tant il est vrai que le courage initial est plus admirable encore : quand rien ne se dessine de l'existence que cet horizon un peu blême, ce crachin de vie où le renvoient les perspectives de ses dirigeants de rugby : vous prendrez bien un petit boulot à EDF ? À la SNCF ? Et que le jeune talonneur de Bègles, de Bordeaux, de Brive et du Stade français ne voit rien venir d'autre, comme perspectives, qu'une vie rangée, édulcorée, muette. Faut-il sauter dans le vide ? Vincent n'hésitera pas.

C'est qu'il n'est pas fait pour la vie en charentaises. Trop d'énergie et trop de richesses en lui se confondent pour accepter une existence cuite à l'étouffée. Il est fait pour le risque et l'aventure. A besoin de défis. Enrage à l'idée de ne pouvoir s'exprimer. À sa façon, c'est un artiste qui s'ignore. Qui s'ignore, vraiment ? Je tiens pour rien les caprices, hurlements de rires, colères épiques, qu'il exprime de mille façons sur les terrains de ce jeu, où entre un naturel frondeur, joueur, excessif. Question : son allure sur les terrains, sa manière d'être jusqu'à trente ans, ont-elles jamais relevé d'autre chose que d'un sens évident du comique, du tragique, de l'absurde ? Quel caractère, au juste ! Et quel bosseur sous ses airs de dilettante, ses simagrées d'adolescent impavide, son je m'en-foutisme ostentatoire.

J'aurais pu choisir d'autres talonneurs, d'autres amis, pour illustrer ce passage symbolique du rugby d'autrefois à aujourd'hui. Bernard Herrero, le jeune frère d'André, était tout désigné pour cela, que Vincent justement tient en haute estime. Mais aucun, peut-être, n'offrait comme Vincent cette personnalité contrastée, entière, significative d'une époque où les joueurs de rugby se gardaient de n'être que ça et offraient au monde une palette mouvante, élastique, complexe.

En attendant, comme la plupart des hommes que j'ai choisis de « portraiturer » dans ce livre, il fait mon bonheur. J'aime sa bonne humeur contagieuse, comme cette part de sensibilité qui l'habite et le conduit, aux heures sombres, à la mélancolie. Pas plus solitaire par instants, plus enclin au spleen baudelairien que ce boute-en-train perpétuel qui a dû apprendre tôt à ravaler ses larmes, à étouffer son émotion, à juguler ses colères. Mais cette sensibilité, c'est sa richesse, son *back ground* comme disent les Anglais, à l'heure vespérale de monter sur les planches.

Les Rapetou bèglais dans le sillage de leur capitaine Bernard Laporte.

Vincent sous le maillot des Bleus lors d'un France-Angleterre de triste mémoire.

Gimbert, Moscato, Simon : les Rapetou de Bègles.

Avec Bernard Laporte et Armand Vaquerin.

Troisième mi-temps avec le XV de France.

Au micro de RMC en direct pour un « Moscato Show ».

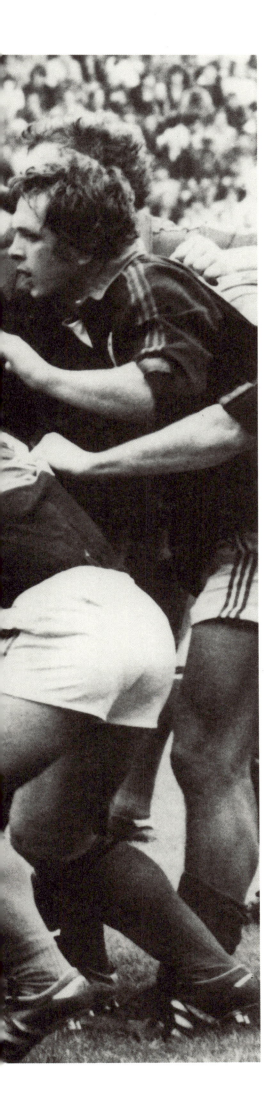

ARMAND VAQUERIN
Colosse au pied d'argile

Il disputa sa première finale à dix-neuf ans et laissait déjà apparaître le caractère, la puissance et la mobilité d'un très grand pilier de mêlée. Capable d'évoluer indifféremment du côté gauche et droit de l'édifice de « la maison du ballon » (mot d'enfant, admirable, pour illustrer la mêlée), Armand Vaquerin était parti pour être le plus grand joueur de son temps. D'où vint qu'il ne le fut pas tout à fait, malgré ses dix titres de champion de France ? Ratant notamment l'épisode heureux du XV de France en route pour le grand chelem de 1977 et ne décrochant jamais que vingt-deux sélections sous le maillot bleu. Une blessure au genou en 1975 le handicapa quelque peu. Mais Armand paya surtout un lourd tribut à son goût pour la liberté, son sens de la fête, son horreur des conventions. Il quittait ses partenaires au soir des matchs et ne rentrait jamais à Béziers avec l'autobus du club, préférant traîner dans la ville qui venait de l'accueillir, trouvant toujours un bon copain prêt à l'héberger, un bar où accrocher des visages, une « boîte » où se dévergonder. Il y passait vingt-quatre ou quarante-huit heures en pur aventurier de ce jeu que rien ni personne ne pouvait retenir, enfermer, guider. Je le revois un soir rejoindre un ami, président de club, dans un night-club proche de Saint-Gaudens, tout frais arrivé de Tarbes où l'AS Béziers venait de jouer et de gagner. Il resplendissait de santé au sens propre et j'ai toujours pensé que l'expression de Nougaro, « des biceps plein les manches » était faite pour lui. Là, il buvait et fumait selon des canons personnels, traînant des dizaines de personnes après lui comme le font les stars du show-biz. Une sorte d'aura toute particulière émanait de lui, qui devait sans doute beaucoup à son physique exceptionnel de gladiateur des stades et à cette sorte de tranchante sérénité qui se dégageait de sa personne. Armand a-t-il jamais eu peur de quiconque sur un terrain ? « Pour ma première finale à Bordeaux, contre Toulon, j'ai eu peur du regard bleu d'André Herrero quand on est entré sur le terrain. » Il m'avait fait cette confidence sans malice, avec ce naturel qui était sa marque et qui laissait assez deviner que ses frousses antérieures étaient limitées…

Il lui est arrivé, en fin de carrière, de faire la fête une veille de finale du championnat, de se rendre à l'hôtel où se tenaient ses partenaires dans la matinée, de demander à pouvoir dormir quelques heures et d'être, le soir venu, le meilleur de tous sur le terrain. J'ai raconté, dans *Chroniques ovales*, l'avoir rejoint bien des années plus tard à Béziers pour un reportage qui devait tourner à la bacchanale…

La fin de sa vie, on le sait, tourna au drame. Alcool, drogue, tabac : il brûlait l'existence par les deux bouts, changeant de lieu d'un soir sur l'autre comme on change de peau, en quête de je ne sais quelle étoile qui le fuira à jamais, d'une reconnaissance sportive perdue, d'un bonheur insaisissable. J'ai toujours cru qu'il avait appréhendé tout cela et que, d'une certaine façon, fidèle à ce qu'il avait toujours été, il préféra une fin tragique à une vie en demi-teinte. N'étaient sa famille et ce fils encore jeune qu'il laissait derrière lui, il ne serait même pas interdit de voir dans la fin de sa vie et dans son geste ultime un certain panache, une forme de romantisme comme on en voit aux officiers russes dans les romans de Dostoïevski.

Se souvient-on de cela ? Un bar de Béziers, au matin du 10 juillet 1993. Armand, seul ou mal accompagné, décide, un revolver à la main, de jouer à la roulette russe et meurt, au premier tir, d'une balle dans la tête. « Fin de partie », disait Beckett.

Pour Armand, la vie était une fête.

Armand à l'entraînement.

Un pilier moderne dans toute l'acception du terme, ici avec Palmié et Minaro.

Armand Vaquerin, figure légendaire de ce jeu, mort en jouant à la roulette russe.

Armand Vaquerin sonne la charge face aux avants de l'Aviron Bayonnais.

Vieux con !

À quoi mesure-t-on que l'on est dépassé, hors de son temps, que l'on a vieilli ? L'âge, il me semble, ne fait rien à l'affaire. Pas plus jeune et au fait des choses qu'André Boniface à soixante-quinze ans. Le décalage est d'une autre nature, qui tient de la lassitude, de l'effort, de l'abstention. Un débat ? On le rejette, là où, dix ans plus tôt, on aurait foncé tête baissée. Un jeune joueur évoque-t-il sa science ? On le laisse à d'autres, à des plus jeunes, prévenu par on ne sait trop quel signal que l'on a mieux à faire.

Est-ce la fin de tout ? Le dérèglement de tout ? Non, pas vraiment. Qu'un entraîneur vienne à la rédaction de *Midi Olympique* et, logiciel à l'appui, nous refasse le match, n'importe quel match, et aussitôt une petite veilleuse en moi se remet à clignoter. Je me reprends de sympathie pour ce jeu qui depuis des semaines me lassait, m'indifférait, comme lasse, peut-être une épouse ou un mari trop prégnant après trente années de mariage. L'amour est toujours là à coup sûr, dont la passion s'est muée en tendresse, mais le besoin de silence et de solitude se fait toujours plus fort.

J'en suis un peu là, avec le rugby. Et si je me retourne, je vois que tous les gens de ma génération, s'ils n'entraînent pas encore, ne président pas aux destinées d'une équipe quelconque, en sont quelque peu là aussi. Ce n'est pas le jeu qui m'indiffère. L'enfer, pour paraphraser Sartre, c'est l'autre ! Celui-là qui me hurle dans les oreilles au cours de n'importe quelle rencontre quand je n'aspire qu'au silence et au recueillement (comment bien percevoir une action autrement ?), qui se jette dans des olas innommables. C'est ce couple, assis à côté de moi, dans des tribunes réservées aux VIP de n'importe quelle rencontre, où l'on a eu la délicatesse de m'inviter et qui m'accable de questions. À moins que ce ne soit l'homme qui se pique d'enseigner le rugby à sa femme et lui débite, à longueur de rencontre, des platitudes, des bêtises. Comme un amateur de théâtre qui ne supporte pas que l'on réduise son art à du patronage, je n'admets plus la vulgarité dans le coudoiement supposé fraternel des tribunes de stade, les phrases creuses, les commentaires à l'emporte-pièce, les hurlements hystériques, les vieux messieurs et gentes dames qui se poussent un peu du col (M. Tartemuche, président du groupe Duchmol et son épouse…).

J'en suis, aujourd'hui, à préférer regarder les matchs à la télévision. L'absence de vision globale me heurte, mais au moins en ai-je fini avec tout ce remuement des tribunes, ces tambours, ces trompettes, les chants de supporters dont je me demande toujours ce qu'ils viennent rechercher au cours d'un match. Deux exceptions à cette règle : le *Vino griego* des supporters bayonnais qui me laboure l'échine et les « allez Toulon, allez Tou-lon » qui montent de Mayol comme un chant de messe…

Mon métier est précieux pour éviter les fâcheux, l'excuse toute trouvée à l'instant de rejeter une invitation dans un stade quelconque : désolé, mais je me dois d'être à la rédaction pour faire le point entre tous les envoyés spéciaux, décider de tel ou tel événement. Ce n'est pas faux, bien sûr. Mais je pourrais, le voudrais-je, faire quelques entorses à mon règlement intérieur.

Pour lors, je suis devenu la caricature de moi-même. Mes fils me charrient en m'imitant lorsque je regarde un match à la télévision : l'immobilisme minéral, le sourcil froncé, le menton en avant, un doigt posé à la commissure des lèvres, l'air pénétré par une rencontre dont je ne perds pas une miette… Ils rient de me voir à ce point concentré sur des choses qui leur semblent secondaires. On m'appelle, je ne réponds pas.

Ce n'est, paraît-il, qu'au troisième « papa », devant le cri de l'un des miens, que je daigne enfin me retourner, inquiet mais bougon comme un qu'on dérange dans son élément. Eh oui, mon élément ! Une vie de rugby, que serait-ce d'autre ?

Enfonçons le clou ! J'ai souvent raconté cette anecdote, quand en plein match international, au terme d'une action indécise, précieuse, du meilleur aloi, je m'étonnais d'entendre le public du Stade de France siffler. Comment était-ce possible ? Et que sifflait-il qui m'échappait à ce point ? Je quittais un instant le champ de jeu et tournais mon regard vers les tribunes : les sifflets étaient adressés à ceux qui, comme moi, ne poursuivaient pas la ola endiablée qui électrisait le stade !

Je ne supporte pas les olas. Je ne supporte pas que l'on puisse s'intéresser à autre chose qu'au jeu. Je n'admets pas que l'on ne puisse faire silence devant une action de grâce, une mêlée bancroche ou parfaitement stable. Je suis devenu un vieux con ! À mon corps défendant, mais de manière irrévocable.

Mon rugby est d'une autre essence, d'une autre nature. Ni meilleure ni pire. J'ai aimé le jeu de mon enfance et de mes rêves. J'ai cherché à travers lui à me construire. J'en ai aimé la finesse et les subterfuges, l'intelligence et les poisons. Chemin faisant, des hommes me sont apparus. Je les ai écoutés, observés, imités, cherchant à travers eux à me recomposer un père, un équilibre. De sorte que le rugby, à mon aune, fut beaucoup plus que du rugby. Les fêtes de la vie et ses tragédies, un regard aigu sur les hommes, un parfum de fraternité, des remugles de solitude, les couleurs de l'ambition et de l'argent, bientôt un métier. Une vie, en somme. Aux souvenirs de laquelle j'espère vous avoir vaguement diverti.

Rouède, janvier 2010

CRÉDITS PHOTOGRAPHIQUES

© Archives *Midi Olmpique* : 16-17, 26b, 27, 98, 117, 124-125h, 130g, 156-157, 163bg, 175h, 184-185, 188b, 189h, 202, 208, 209b, 217b, 221, 222h, 227m, 239hd, 242m.
© Archives *Dépêche du Midi* : 20b, 40h, 40bg, 41hg, 48, 52bg, 56, 64, 68h, 70, 78, 103b, 155h, 195. © Georges Raillart/Archives *Dépêche du Midi*, 204h. © Henry Escarpit/Archives *Dépêche du Midi* : 222m.
© Michel Labonne/Archives *Dépêche du Midi*, 233. © Georges Raillart/Archives *Dépêche du Midi* : 250-251, 223h. © Archives *Miroir du rugby* : 29, 44b, 60b, 144b, 227b.
© Archives personnelles de l'auteur : 13, 52h, 104hg, 163h. © Cros André : 26h, 36, 46, 60h, 63, 91bd, 108, 112-113, 124hg, 144h, 160-161, 163bd, 188hg. © Derewiany Patrick : 23, 86, 96, 115, 164, 187, 188hd, 189b, 252. © Garcia Bernard : 77bd, 80bd, 85, 132, 134, 135, 138, 190b, 238b.
© Lafay Alain : 1, 10-11, 14-15, 18, 22, 33, 34, 37, 52bd, 54-55, 66, 72bd, 76, 77bg, 80h, 80bg, 87b, 94-95, 104hd, 104b, 106-107, 110, 122, 123, 124b, 139, 140-141, 142, 145, 148h, 149h, 154, 155b, 166-167, 171b, 200h, 215, 216, 217h, 218, 222b, 223b, 224, 227h, 228, 239bg, 240, 243, 246-247, 254-255, 256.
© Navarro José : 2-3, 21, 59, 170b, 175b, 176, 248. © Pernia Alain : 4-5, 8-9, 40bd, 65, 100, 127, 131, 182, 183, 193, 213, 238h, 239hg, 253. © Presse Sports : couverture, 19, 20h, 25, 30, 39, 41hd, 41b, 42, 44h, 45, 47, 50-51, 68m, 68b, 69, 72h, 72bg, 75, 77h, 79, 83, 87h, 89. © Rochard/Presse Sports : 90, 91h, 91bg, 92, 103h, 119, 120, 121, 128-129, 130d, 136, 147, 148b, 149b, 150-151, 153, 158, 168, 170-171h, 172, 179, 181, 190 h.
© Caron/Presse Sports : 196-197, 198, 200b, 201, 204b, 205, 207, 209h, 210-211, 214, 226, 231, 232, 234-235, 237. © Legros/Presse Sports : 239bd, 242h, 242b, 244-245.
© Didier Pruvot/Flammarion, portrait jaquette.

252

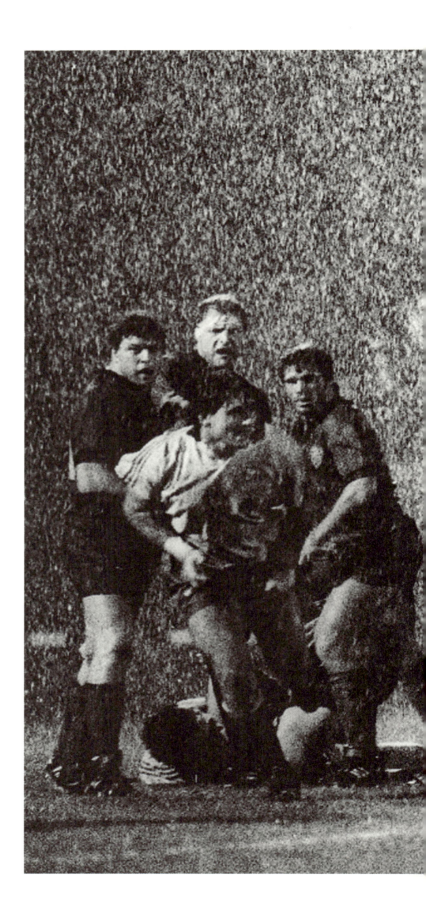

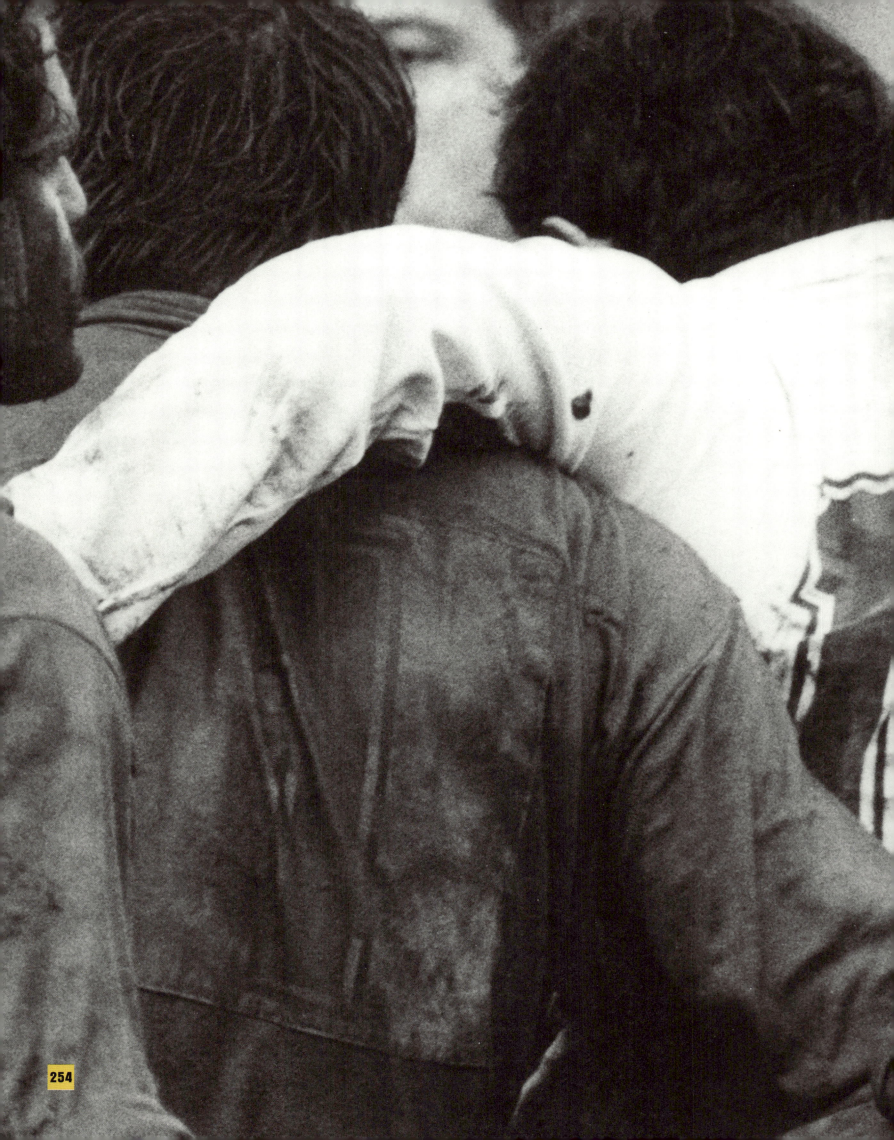

Mise en pages : Serge Bilous • Photogravure : Couleurs d'image • Achevé d'imprimer par Toppan en septembre 2010
© Flammarion, Paris, 2010 • Tous droits réservés
ISBN : 978-2-0812-4014-8 • N° d'édition : L.01EPMN000427.N001 • Dépôt légal : octobre 2010 • editions.flammarion.com